英文法 の 知識ゼロ

からはじめられる

暗唱例文

Props 150

Key Sentences to Learn by Heart

河合塾講師 宮下卓也 著

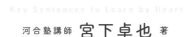

Gakken

この本は150個の「暗唱例文」を掲載し、解説した本です。

「暗唱例文って何？」「暗記すると何かの役に立つの？」と思った人もいるかもしれません。

英語学習において、**例文の暗唱は最も効果のある勉強法の1つ**です。そして、これを具体的に実践するための方法と例文を紹介しているのが本書なのです。

本書の表紙には「最強」「最短」という文字が書かれていますが、これは決して大げさに言っているのではありません。その理由を説明する前に、まずはこの本を書くきっかけとなった出来事をお話しさせてください。直接のきっかけは、本書の編集長である清水雄輔さんから学生の頃のお話を伺ったことにあります。

英語力をアップさせた際に最も効果的だったのが学校の先生から勧められた暗唱例文の暗記だったというお話を聞きながら、私は自分の体験と重ね合わせていました。私自身も学生時代に暗唱例文を通して英語ができるようになった経験があったのです。

この「原体験」を本にするとことで、暗唱例文を誰もが手軽に実践できる形にしたい。英語力を本当に上げたいと日々努力されている方のために少しでも役に立てれば。そのような思いで制作したのが本書です。

暗唱例文を使った勉強が「最強」「最短」である理由

●英文法の知識がなくても学習をはじめやすい

暗唱例文を使った勉強は、**英文法の学習に先駆けて進める**ことができます。つまり、英文法のルールに多少わからないところがあっても、簡単な例文をいくつか暗唱するだけで「正しい形」を身につけることができるのです。

「現在完了とは…」「関係代名詞とは…」のような文法用語の説明は、正しい形を身につけてからのほうが理解しやすくなります。本書では暗唱例文ごとに文法事項を詳しく解説していますから、例文の暗唱と並行して効率よく学習を進めましょう。

●入試問題等への対応力・瞬発力が身につく

次の英文法問題を見てください。

> **次の英文中の空所に入る適切な形を選びなさい。**
> A new house is (　　) next door, so we will soon have new neighbours.
> ① being built ② building ③ going to build ④ to have built　（青山学院大）

受動態の進行形として「正しい形」を選ぶ問題で，正解は①です。実はこの問題，本書p.40掲載の A new building is being built now.（例文番号０３１）を頭に入れておけば「あっ，あの形だ！」と瞬時に正解がわかるのです。

これは英文法の問題に限ったことではありません。暗唱例文を使って「正しい形」を頭に入れておくことで，**英作文やスピーキングで使うべき形がすぐに思い浮かぶ**ようになりますし，**英文読解などでは速く正確に読める**部分が格段に増えます。つまり，暗唱例文を使って勉強することで，入試等で求められる英語力のすべてを比較的短期間で効率よく引き上げることができるのです。

暗記しやすい工夫

「とはいえ暗唱って難しそう…」という声も聞こえてきそうです。もちろん，暗唱には反復が必要ですから多少は負荷がかかりますが，p.8に記載した「暗唱例文の正しい覚え方」を使って暗唱すれば，誰にでもできます。

本書では，少しでも覚えやすいように**150個の例文すべてにイラストと音声**をつけました。これにより，視覚・聴覚の両面から暗唱を助ける仕組みになっています。また，ページごとに暗唱例文の説明や関連事項の説明，**チェック問題**をつけることで，暗唱例文の理解を深め，長期的に頭に残しておくことができるよう工夫をしました。

まずは，150個の暗唱例文を確実に覚えましょう。各ページに［例］として登場する例文も重要な英文ばかりですから，余裕がある人はこれらの暗唱にもぜひ挑戦してみてください。「暗唱例文」を覚えるのは，決して楽ではありません。しかし，いったん覚えてしまえば，それが血肉となり，すべての英語力のProps（支え）となるはずです。今日から「暗唱例文」を始めましょう。

宮下卓也

CONTENTS

本書の使い方

本冊の使い方

本冊各ページのいちばん上には，ぜひマスターしたい**暗唱例文**と**日本語訳**が掲載されています。すべての暗唱例文に重要な**英文法のポイント**が含まれていますから，**英文法の解説**を読み，最後にこのページの内容が理解できたかを**Check!**で確認しましょう。

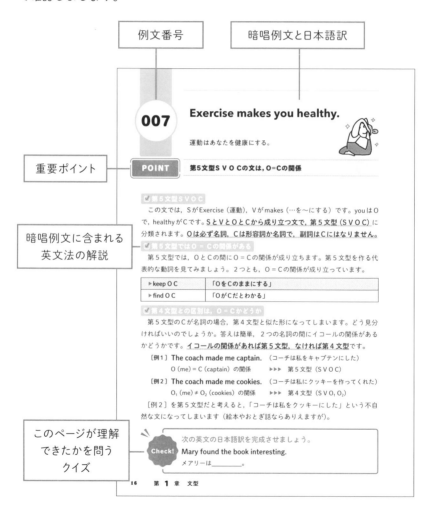

例文番号

暗唱例文と日本語訳

007

Exercise makes you healthy.

運動はあなたを健康にする。

重要ポイント

POINT 第5文型 S V O C の文は，O＝Cの関係

☑ 第5文型 S V O C

この文では，S が Exercise（運動），V が makes（…を〜にする）です。you は O で，healthy が C です。**S と V と O と C から成り立つ文で，第5文型（S V O C）に分類されます。O は必ず名詞，C は形容詞か名詞で，副詞は C にはなりません。**

暗唱例文に含まれる英文法の解説

☑ 第5文型では O ＝ C の関係がある

第5文型では，O と C の間に O ＝ C の関係が成り立ちます。第5文型を作る代表的な動詞を見てみましょう。2つとも，O ＝ C の関係が成り立っています。

| ▶ keep O C | 「O を C のままにする」 |
| ▶ find O C | 「O が C だとわかる」 |

☑ 第4文型との区別は，O ＝ C かどうか

第5文型の C が名詞の場合，第4文型と似た形になってしまいます。どう見分ければいいのでしょうか。答えは簡単，2つの名詞の間にイコールの関係があるかどうかです。**イコールの関係があれば第5文型，なければ第4文型です。**

［例1］The coach made me captain.　（コーチは私をキャプテンにした）
　　　　O（me）＝ C（captain）の関係　▶▶▶　第5文型（S V O C）
［例2］The coach made me cookies.　（コーチは私にクッキーを作ってくれた）
　　　　O₁（me）≠ O₂（cookies）の関係　▶▶▶　第4文型（S V O₁ O₂）

［例2］を第5文型だと考えると，「コーチは私をクッキーにした」という不自然な文になってしまいます（絵本やおとぎ話ならありえますが）。

このページが理解できたかを問うクイズ

Check! 次の英文の日本語訳を完成させましょう。
Mary found the book interesting.
メアリーは＿＿＿＿＿。

16　第 **1** 章　文型

6

別冊の使い方

別冊には，**Check!** の解答・解説と**暗唱例文集**が収録されています。**赤シート**や**付属音声**を活用して，150個の暗唱例文をマスターしましょう。

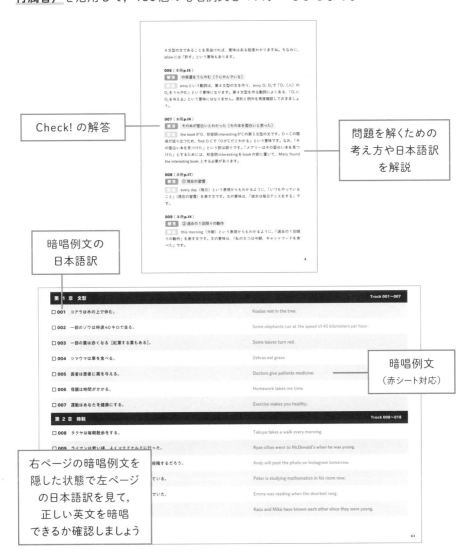

Check! の解答

**問題を解くための
考え方や日本語訳
を解説**

**暗唱例文の
日本語訳**

**暗唱例文
（赤シート対応）**

**右ページの暗唱例文を
隠した状態で左ページ
の日本語訳を見て，
正しい英文を暗唱
できるか確認しましょう**

4文型の文であることを見抜ければ，意味はある程度わかりますね。ちなみに，allowには「許す」という意味もあります。

006（本冊 p.15）
[解答] ⓪羨望を妬む［うらやんでいる］

envyという動詞は，第4文型の文を作り，envy O₁ O₂ で「O₁（人）の O₂をうらやむ」という意味になります。第4文型を作る動詞によくある，「O₁に O₂を与える」という意味にはなりません。原則と例外を再度確認しておきましょう。

007（本冊 p.16）
[解答] ⓪その本が面白いとわかった［その本を面白いと思った］

the bookがO，形容詞interestingがCの第5文型の文です。O＝Cの関係が成り立つため，find O C で「OがCだとわかる」という意味です。なお，「その面白い本を見つけた」という訳は誤りです。「メアリーはその面白い本を見つけた」とするためには，形容詞interestingをbookの前に置いて，Mary found the interesting book. とする必要があります。

008（本冊 p.17）
[解答] ⓪現在の習慣

every day（毎日）という表現からもわかるように，「いつもやっていること」（現在の習慣）を表す文です。文の意味は，「彼女は毎朝テニスをする」です。

009（本冊 p.18）
[解答] ⓪過去の1回限りの動作

this morning（今朝）という表現からもわかるように，「過去の1回限りの動作」を表す文です。文の意味は，「私のネコは今朝，キャットフードを食べた」です。

8

第 1 章 文型　　　　　　　　　　　　　　　　　　　　　　　　　　　Track 001~007

☐ **001** コアラは木の上で休む。　　Koalas rest in the tree.

☐ **002** 一部のゾウは時速40キロで走る。　　Some elephants run at the speed of 40 kilometers per hour.

☐ **003** 一部の葉は赤くなる［紅葉する葉もある］。　　Some leaves turn red.

☐ **004** シマウマは草を食べる。　　Zebras eat grass.

☐ **005** 医者は患者に薬を与える。　　Doctors give patients medicine.

☐ **006** 宿題は時間がかかる。　　Homework takes me time.

☐ **007** 運動はあなたを健康にする。　　Exercise makes you healthy.

第 2 章 時制　　　　　　　　　　　　　　　　　　　　　　　　　　　Track 008~018

☐ **008** タクヤは毎朝散歩をする。　　Takuya takes a walk every morning.

☐ **009** ライアンは若い頃，よくマクドナルドに行った。　　Ryan often went to McDonald's when he was young.

投稿するだろう。　　Andy will post the photo on Instagram tomorrow.

ている。　　Peter is studying mathematics in his room now.

いた。　　Emma was reading when the doorbell rang.

Kazu and Mika have known each other since they were young.

41

暗唱例文の正しい覚え方

STEP 1：暗唱例文を隠した状態で日本語訳だけを見て，間違えずに「言えるか」どうかをチェックします。

STEP 2：間違えたところがある場合，英文を確認してからもう一度隠し，覚えたかどうかをチェックします。

STEP 3：これを間違えずに言えるようになるまで繰り返します。なお，長い英文はパーツごとに途中で区切って覚えると覚えやすくなります。

音声の使い方

本書では，150個の暗唱例文の音声を，次の2パターンで聴くことができます。

❶ 日本語訳 → 英語暗唱例文
❷ 日本語訳 → ポーズ → 英語暗唱例文

例えば，❶の音声は通学中の電車などで**英文を聞き流してインプット**したいときに使ってみてください。❷の音声は，自分の部屋で勉強しているときなどに使ってみてください。**日本語訳を聞いて頭の中で英文を思い浮かべ，ポーズ中に英文を音読し，英語暗唱例文の音声を聞いて確認**しましょう。自分の口を動かして**アウトプット**することで，飛躍的に例文が記憶に定着しやすくなります。

●スマートフォン用　リスニングアプリ

① スマホやタブレット端末から右の二次元コードを読み取るか，下記のURLにアクセスして，音声再生アプリ「my-oto-mo(マイオトモ)」をダウンロードしてください。
https://gakken-ep.jp/extra/myotomo/

② アプリを立ち上げて『暗唱例文Props150』を選択すると，音声のダウンロードが始まります。

※ iPhoneからのご利用にはApple ID，Androidからのご利用にはGoogleアカウントが必要です。
※ アプリケーションは無料ですが，通信料は別途発生します。
※ その他の注意事項はダウンロードサイトをご参照ください。

●パソコン用　MP3ダウンロード

① パソコンから下記のURLにアクセスしてください。
https://gakken-ep.jp/extra/myotomo/

② 「MP3音声ファイルのダウンロードをされる方はこちら」→【高校】
→『暗唱例文Props150』を選択すると，MP3形式の音声ファイルを
ダウンロードすることができます。また，音声ファイルのTrack番号
は暗唱例文の番号に対応しています。

※ ダウンロードできるのは，圧縮されたMP3形式の音声ファイルです。再生するには，ファ
イルを解凍するソフトと，iTunesやWindows Media Playerなどの再生ソフトが必要です。

※ お客様のネット環境および携帯端末によりアプリを利用できない場合や，お客様のパソコン
環境により音声をダウンロード・再生できない場合，当社は責任を負いかねます。ご理解，
ご了承いただきますよう，お願いいたします。

本書に登場する記号・表記

S…主語　V…動詞　C…補語　O…目的語
do…動詞の原形　［例］sleep, walk など
did…動詞の過去形　［例］wrote, climbed など
doing…動詞の現在分詞または動名詞の形　［例］making, living など
done…動詞の過去分詞の形　［例］taken, saved など

(　)…省略可能，補足説明など　［例］I wish(that) S V ...
▷ I wish S V ... と I wish that S V ... の両方で表現できることを示しています。

[　]…置き換え可能，言い換えなど　［例］I insisted on his[him] joining us for dinner.
▷ I insisted on his joining us for dinner. と I insisted on him joining us for dinner. の両方で表現でき
ることを示しています。

≒…ほぼ同じ意味　［例］what ≒ the thing which
▷ what と the thing which がほぼ同じ意味であることを示しています。

／…または　［例］Sは～するだろう［かもしれない／できるだろう］
▷「Sは～するだろう」「Sは～するかもしれない」「Sは～できるだろう」の3通りの訳になる可能
性を示しています。

001

Koalas rest in the tree.

コアラは木の上で休む。

POINT 「存在」の意味の第1文型 S V（M）

☑ 第1文型 S V（M）

　この文では，S が Koalas（コアラ），V が rest（休む）です。このように，**S と V だけから成り立つ文は，第1文型（S V）**に分類されます。なお，多くの場合，in the tree（木の上で）のような修飾語句（M）がついています。

☑ 「存在」の意味を表す第1文型動詞

　第1文型を作る動詞の意味には特徴があります。例えば，次の文を見てみましょう。2つとも第1文型の文です。どんな意味になるか考えてみてください。

　〔例〕My uncle lives in Hokkaido.

　〔例〕Lisa remains in the classroom.

　V はそれぞれ lives（住んでいる），remains（残っている）です。これらの動詞の意味に共通することは何でしょうか。それはズバリ，**「存在」の意味**を持つということです。試しに，V の訳をどちらも「いる」にしてみてください。

　「私のおじは北海道に住んでいる」≒「私のおじは北海道にいる」
　「リサは教室に残っている」≒「リサは教室にいる」

　どうですか？　ほぼ同じ意味ですね。**「存在」（いる・ある）の意味**を持っているのが，**第1文型を作る動詞の特徴**です。このように，第1文型の文であることがわかれば，動詞の意味が多少わからなくても「いる」や「ある」のような意味ではないかと推測することができます。

Check! 次の英文の日本語訳を完成させましょう。

Wakayama lies in the southern part of the Kinki region.

和歌山は近畿地方の南部に＿＿＿＿＿＿＿。

002

Some elephants run at the speed of 40 kilometers per hour.

一部のゾウは時速40キロで走る。

POINT 「移動」の意味の第1文型Ｓ Ｖ（Ｍ）

☑ 第1文型ＳＶ（Ｍ）

この文では，ＳがSome elephants（一部のゾウ），Ｖがrun（走る）です。**001**の例文と同じように，**第1文型（ＳＶ）**に分類されます。副詞のカタマリであるat the speed of 40 kilometers per hour（時速40キロで）が，Ｍです。

☑ 「移動」の意味を表す第1文型動詞

第1文型を作る動詞の意味には特徴があります。例えば，次の文を見てみましょう。2つとも第1文型の文です。どんな意味になるか考えてみてください。

〔例〕Taro walks to the station.

〔例〕Airplanes fly very fast.

Ｖはそれぞれwalks（歩く），fly（飛ぶ）です。これらの動詞の意味に共通することは何でしょうか。そう，**「移動」の意味**です。試しに，Ｖの訳をどちらも「移動する」にしてみましょう。

「タロウは駅まで<u>歩く</u>」≒「タロウは駅まで<u>移動する</u>」
「飛行機はとても速く<u>飛ぶ</u>」≒「飛行機はとても速く<u>移動する</u>」

「移動する」と訳しても，ほぼ同じ意味になることがわかりますね。このように，**第1文型を作る動詞の多くには「存在」や「移動」の意味があります。**ですから，第1文型の文であることがわかれば，動詞の意味が多少わからなくても文全体の意味を推測できることが多いのです。

Check! 次の英文の日本語訳を完成させましょう。
Some birds migrate to the south in the fall.
一部の鳥は秋に南へ_____。

003 Some leaves turn red.

一部の葉は赤くなる[紅葉する葉もある]。

POINT 第2文型SVCの文は，S＝Cの関係

☑第2文型SVC

この文では，SがSome leaves（一部の葉），Vがturn（…になる）です。red（赤い）は形容詞で，文の中ではC（補語）のはたらきをしています。このように，SとVとCから成り立つ文は，第2文型（SVC）に分類されます。Cの品詞は，主に形容詞か名詞です。副詞はCにならないことに注意しましょう。

☑第2文型ではS＝Cの関係がある

第2文型の文であることを見抜くメリットはどこにあるのでしょうか。仮に，例文のturnの意味がわからなかったとしましょう。でも大丈夫。redは形容詞です。形容詞をVの直後に置くのは第2文型しかありません。

そして，**第2文型を作る動詞は「…である」「…になる」「…のようだ」など，S＝Cの関係を作るものばかり**です。Some leaves（S）＝ red（C）の関係があることがわかれば，「葉が赤いんだな」ということはわかります。このように，文の意味を推測できることが最大のメリットです。

☑第2文型を作る重要な動詞

第2文型を作る主な動詞には次のようなものがあります。似たような意味になる動詞ごとに，まとめて確認しておきましょう。

▶hold / keep / remain / stay	「…のままだ」
▶become / come / fall / get / go / run / turn	「…になる」
▶appear / look / seem / sound	「…のようだ」

Check! 次の文の空所には，①と②のどちらを入れるのが適切ですか。

Ken looked _____.　ケンは幸せそうに見えた。

① happy　② happily

004

Zebras eat grass.

シマウマは草を食べる。

☑ 第3文型SVO

この文では，SがZebras（シマウマ），Vがeat（食べる）です。名詞grass（草）はO（目的語）と呼ばれます。**SとVとOから成り立つ文で，第3文型（SVO）に分類されます。**

☑ 第3文型ではS≠Oの関係がある

第3文型の文のOの位置に来るものの品詞は，必ず**名詞**です。Vの後ろに名詞を置くため，第2文型の文と似た形になることがあります。違いは何でしょうか。そう，**S≠Oの関係が成り立っている**ことです。次の文を見てください。

　［第2文型（SVC）の例］**Zebras are mammals.** （シマウマはほ乳類だ）

　［第3文型（SVO）の例］**Zebras eat grass.** （シマウマは草を食べる）

第2文型ではZebras（S）＝mammals（C）の関係が，第3文型ではZebras（S）≠grass（O）の関係が成り立っています。

☑ 第3文型のVは他動詞

第3文型の文では，**後ろに目的語を置く動詞**が使われます。そのような動詞のことを，**他動詞**と言います。一方で，**後ろに目的語を置かない動詞は自動詞**と呼ばれます。自動詞は第1文型（SV）と第2文型（SVC）で使われます。名詞を自動詞の後ろに置きたいときは前置詞を使い，〈前置詞＋名詞〉全体が修飾語句（M）になります。

　［例］**I look at the mountain.** （私は山を見る）＊lookは自動詞，下線部はM

次の英文の動詞は，①と②のどちらですか。

Check!　**Yumi walks her dog.**　ユミは彼女の犬を散歩させる。

① 他動詞　　② 自動詞

005 Doctors give patients medicine.

医者は患者に薬を与える。

POINT　「与える」の意味の第4文型 S V O_1 O_2

☑ 第4文型 S V O_1 O_2

この文では，SがDoctors（医者），Vがgive（与える）です。patientsはO_1（1つ目のO）で，medicineがO_2（2つ目のO）です。**SとVとO_1とO_2から成り立つ文で，第4文型（S V O_1 O_2）に分類されます。**O_1とO_2の品詞は，必ず**名詞**です。

☑「O_1にO_2を与える」の意味を表す第4文型動詞

第4文型を作る動詞の意味には特徴があります。それは，**原則として「O_1にO_2を与える」という意味になる**ということです。次の文を見てください。

〔例〕**Mom makes me cookies.** （母は私にクッキーを作ってくれる）

Vはmakes（作る）ですが，この訳を「与える」に置き換えてみましょう。

「母は私にクッキーを作ってくれる」≒「母は私にクッキーを与える」

ほぼ同じ意味になりますね。このように，第4文型（S V O_1 O_2）の文は原則として「O_1にO_2を与える」の意味になるということを覚えておけば，知らない単語に出会っても意味を推測できることがよくあります。

☑ 第4文型ではO_1 ≠ O_2の関係がある

では，どのようにして第4文型であることを見抜けばよいのでしょうか。それは，O_1 ≠ O_2の関係に気づくことです。先ほどのMom makes me cookies.という文では，me（私）≠ cookies（クッキー）の関係が成り立っています。

Check! 次の英文の日本語訳を完成させましょう。
The company allows employees two weeks off.
その会社は従業員に2週間の休みを＿＿＿＿＿＿＿。

006

Homework takes me time.

宿題は時間がかかる。

POINT 「与える」以外の意味の第4文型 S V O₁ O₂

☑ **第4文型 S V O₁ O₂**

　この文では，SがHomework（宿題），Vがtakes（必要とする）です。meは1つ目のOで，timeが2つ目のOです。take O₁ O₂で「O₁（人）にO₂（時間・労力など）がかかる」という意味です。**SとVとO₁とO₂から成り立つ文で，第4文型（S V O₁ O₂）に分類されます。** O₁とO₂の品詞は，必ず**名詞**です。

☑ **「O₁にO₂を与える」以外の意味の第4文型動詞**

　第4文型を作る動詞の意味は，原則として「O₁にO₂を与える」でした。しかし，**006**の例文のように例外があります。次の文を見てください。

〔例〕 **The concert ticket cost me $100.**

　　　（コンサートのチケットは100ドルかかった）

　meがO₁，$100がO₂です。第4文型の文ですが，「コンサートのチケットが私に100ドルを与えた」という意味だと考えるのはヘンですね。cost O₁ O₂は「O₁（人）にO₂（お金）がかかる」という意味です。

☑ **第4文型を作る重要な動詞**

　原則と例外を押さえれば，さまざまな第4文型の文に柔軟に対応できるようになります。例外となる重要な動詞を確認しましょう。

▶ deny O₁ O₂	「O₁（人）にO₂（物・権利・自由など）を与えない」
▶ envy O₁ O₂	「O₁（人）のO₂をうらやむ」
▶ wish O₁ O₂	「O₁（人）のO₂を願う」

Check!

次の英文の日本語訳を完成させましょう。

Mara envies other people good fortune.

マーラは他人＿＿＿＿＿＿＿＿＿＿＿＿。　　　＊good fortune「幸運」

007 Exercise makes you healthy.

運動はあなたを健康にする。

POINT 第5文型ＳＶＯＣの文は，Ｏ＝Ｃの関係

☑ 第5文型ＳＶＯＣ

この文では，Ｓが Exercise（運動），Ｖが makes（…を〜にする）です。you は Ｏで，healthy が Ｃです。**ＳとＶとＯとＣから成り立つ文で，第5文型（ＳＶＯＣ）に分類されます。Ｏは必ず名詞，Ｃは形容詞か名詞で，副詞はＣにはなりません。**

☑ 第5文型ではＯ＝Ｃの関係がある

第5文型では，ＯとＣの間にＯ＝Ｃの関係が成り立ちます。第5文型を作る代表的な動詞を見てみましょう。2つとも，Ｏ＝Ｃの関係が成り立っています。

▶ keep Ｏ Ｃ	「ＯをＣのままにする」
▶ find Ｏ Ｃ	「ＯがＣだとわかる」

☑ 第4文型との区別は，Ｏ＝Ｃかどうか

第5文型のＣが名詞の場合，第4文型と似た形になってしまいます。どう見分ければいいのでしょうか。答えは簡単，2つの名詞の間にイコールの関係があるかどうかです。**イコールの関係があれば第5文型，なければ第4文型**です。

〔例1〕 **The coach made me captain.** （コーチは私をキャプテンにした）
Ｏ（me）＝Ｃ（captain）の関係　　▶▶▶　第5文型（ＳＶＯＣ）

〔例2〕 **The coach made me cookies.** （コーチは私にクッキーを作ってくれた）
O_1（me）≠ O_2（cookies）の関係　　▶▶▶　第4文型（SVO_1O_2）

〔例2〕を第5文型だと考えると，「コーチは私をクッキーにした」という不自然な文になってしまいます（絵本やおとぎ話ならありえますが）。

Check! 次の英文の日本語訳を完成させましょう。

Mary found the book interesting.

メアリーは＿＿＿＿＿＿。

008

Takuya takes a walk every morning.

タクヤは毎朝散歩をする。

現在形は「現在の習慣」「現在の状態」「確定的未来」を表す

☑「いつもやっていること」を表す現在形の文

この文では，takes が V であり，**現在形**が使われています。現在形では **「いつもやっていること」**（現在の習慣）を表すことができます。

「現在の習慣」を表す文では，この文での every morning （毎朝）のように，always （いつも）や usually （ふつう），often （よく）といった「頻度を表す副詞」を伴うことがよくあります。

☑「まさに現在のこと」を表す現在形の文

「いつもやっていること」（現在の習慣）は時間の幅が広いですね。一方で，もっと狭い時間の幅，**「まさに現在のこと」（現在の状態）**を表すときにも現在形を使います。I am hungry. （私はおなかがすいている）のような文です。

☑「未来のこと」を表す現在形の文

現在形では，**「未来のこと」（確定的未来）**を表すこともできます。例えば，時刻表に基づいて運行する電車やバスのように，しっかりと時間が決まっている予定を表すときによく用いられます。

〔例〕**The train arrives at noon.** （その電車は正午に到着する予定だ）

このように，現在形では「いつもやっていること」（現在の習慣），「まさに現在のこと」（現在の状態），「未来のこと」（確定的未来）など，さまざまな時のことを表せます。「現在」ということばに惑わされないようにしましょう。

Check! 英文の動詞がどの意味で使われているかを選びましょう。

She plays tennis every day.

① 現在の習慣　　② 現在の状態　　③ 確定的未来

009

Ryan often went to McDonald's when he was young.

ライアンは若い頃,よくマクドナルドに行った。

POINT　過去形は「過去の習慣」「過去の1回限りの動作」「過去の状態」を表す

☑「過去の習慣」を表す過去形の文

　この文では，wentがVであり，**過去形**が使われています。過去形では**「過去の習慣」**を表すことができ，**「…した,…していた」**という意味になります。

　「過去の習慣」を表す文では，often（よく）のような「頻度を表す副詞」を伴うことがよくあります。

☑「過去の1回限りの動作」を表す過去形の文

　次の文を見てください。**009**の例文との違いは何でしょうか。

〔例〕Ryan went to McDonald's yesterday.
　　　（ライアンは昨日，マクドナルドに行った）

　この文は**009**の例文とは異なり，ライアンが「昨日」マクドナルドに「1回」行ったことを表しています。このように過去形は，「過去の習慣」という比較的幅の広い過去だけでなく，**「過去の1回限りの動作」**という比較的幅の狭い過去を表すこともできます。

☑「過去の状態」を表す過去形の文

　過去形でもう1つ知っておきたいのが**「過去の状態」**を表す使い方です。例えば，I was hungry at that time.（そのとき，私はお腹がすいていた）のような文です。現在形（p.17参照）で学習した，「まさに現在のこと」（現在の状態）を表す用法の過去バージョンだと考えると理解しやすいですね。

Check!

英文の動詞が，どの意味で使われているかを選びましょう。

My cat ate the cat food this morning.

① 過去の習慣　　② 過去の1回限りの動作

③ 過去の状態

Andy will post the photo on Instagram tomorrow.

アンディは明日,
インスタグラムに写真を投稿するだろう。

POINT willとbe going toは「未来のこと」を表す

☑ 「未来のこと」を表すwill *do* の文

この文では, will post がVであり, 助動詞のwill とともにpost (…を投稿する) という動詞の原形が使われています。このように, **「未来のこと」**はwill *do* の形で表すことができます。

☑ 「…するつもり」を表すbe going to *do* の文

「未来のこと」を表すのに, be going to *do* の形を使うこともあります。

〔例〕I am going to visit the bookstore after school.

（私は放課後, 書店に行くつもりだ）

この文のbe going to *do* は, **あらかじめ決まっている予定とそれに対する話者の確信**を表す表現です。会話中など, その場で決めたようなことには使いません。

〔例〕"Contact me later." （後で連絡ちょうだい）

"OK. I'll call you." （わかった。電話するよ）＊I'm going to call you. は×

☑ 「兆候がある未来のこと」を表すbe going to *do* の文

もう1つ, be going to *do* の重要な用法を見ておきましょう。

〔例〕Look at the black cloud. It's going to rain.

（あの黒い雲をごらん。雨が降りそうだ）

これは**「兆候がある未来のこと」**を表す用法です。黒い雲を見て雨が降りそうだと判断するように, 兆候から判断して近々起こりうることを表します。

Check!

次の文の空所には, ①と②のどちらを入れるのが適切ですか。

"This cake is for you. Eat it anytime you like."

"Thank you. _____ later."

① I'll have it　　② I'm going to have it

011

Peter is studying mathematics in his room now.

ピーターは今,自分の部屋で数学を勉強している。

POINT 現在進行形は「現在進行中の動作」「近い未来のこと」を表す

☑「今やっていること」を表す現在進行形の文

　この文では，is studying がVであり，is [am / are] *doing* の形が使われています。この形を現在進行形と呼びます。現在進行形では「今やっていること」(現在進行中の動作)を表すことができます。なお，動作ではなく状態を表す動詞(know「知っている」などの状態動詞)は原則として進行形にしません。

☑「しつつあること」を表す現在進行形の文

　次の文を見てください。どのような意味になるでしょうか。

〔例〕**The train is stopping.**

　「今やっていること」だと考えれば，「その電車は止まっている」という意味になりそうです。しかし，この場合は「…している」の意味にはなりません。「その電車は止まりつつある」という訳が正解です。stop(止まる)のように，瞬間的に動作が終わる動詞を現在進行形にすると，「…しつつある」「…しかかっている」という意味を表すことができます。このような動詞には，begin(始まる)やdie(死ぬ)などがあります。

☑「近い未来のこと」を表す現在進行形の文

　現在進行形でもう1つ知っておきたいのが「近い未来のこと」を表す用法です。

〔例〕**The train is arriving at Tokyo Station in a few minutes.**
　　　(その電車はあと数分で東京駅に到着する)

Check!
英文の動詞が,どの意味で使われているかを選びましょう。
He is listening to music now.
① 今やっていること　　② しつつあること
③ 近い未来のこと

012

Emma was reading when the doorbell rang.

玄関のベルが鳴ったとき,エマは本を読んでいた。

POINT 過去進行形は「過去に進行中の動作」「過去に繰り返し行われた動作」, 未来進行形は「未来の時点で進行中の動作」を表す

☑「過去にやっていたこと」を表す過去進行形の文

この文では, was reading が V であり, was [were] *doing* の形が使われています。この形を**過去進行形**と呼びます。過去進行形では**「過去にやっていたこと」**(**過去のある時点で進行中の動作**) を表すことができます。ベルが鳴る前ももちろん本を読んでいたはずですが, 鳴った時点を切り取って表現するイメージです。

☑「ある期間に繰り返し行われた動作」を表す過去進行形の文

012 の例文は「玄関のベルが鳴ったとき」という非常に短い時間のことでした。しかし, 過去進行形ではもっと長い期間のことを述べることもできます。

〔例〕Emma was crying in the afternoon.　(エマは午後, ずっと泣いていた)

このように, 過去進行形では**ある程度幅のある期間に繰り返し行われた動作**を表すこともできます。

☑「未来にしているであろうこと」を表す未来進行形の文

未来進行形についても確認しておきましょう。未来進行形では**「未来にしているであろうこと」**(**未来の時点で進行中の動作**) を表すことができます。「このままのペースだとこうなるだろう」という予測を含んでいるイメージで, will be *doing* の形を使います。

〔例〕Emma will be traveling by train at about this time tomorrow.
(エマは明日の今頃, 電車で移動しているだろう)

Check! 次の文の空所には, ①と②のどちらを入れるのが適切ですか。
She _____ around 9 in the morning yesterday.
① was studying　② will be studying

013

Kazu and Mika have known each other since they were young.

カズとミカは幼い頃から知り合いだ。

POINT 現在完了形は「継続」「経験」「完了」を表す

☑「継続」を表す現在完了形の文

この文では，have known が V であり，have [has] *done* の形が使われています。この形を**現在完了形**と呼びます。**現在完了形は「現在」を基準に過去を振り返る表現**で，例文では，過去から現在まで知り合いである状態が「継続」していることを表しています。「継続」の意味を表す現在完了形の文では，since ...（…以来）や for ...（…の間）といった「期間を表す表現」を伴うことがよくあります。

☑「経験」を表す現在完了形の文

現在完了形は，ほかにも「経験」の意味を表せます。

〔例〕**She has seen a polar bear twice.** （彼女は2回シロクマを見たことがある）

過去から現在までの間にシロクマを見るという「経験」をしたというイメージです。「経験」は，twice（2回）や three times（3回），never（一度も…ない）といった「回数の表現」と相性がよいこともチェックしておきましょう。

☑「完了」を表す現在完了形の文

「完了」の意味を表す現在完了形の文も確認しておきましょう。

〔例〕**He has already finished his homework.** （彼はすでに宿題を終わらせた）

過去に宿題を「完了」し，現在も終わっているというイメージです。「完了」では，肯定文で already（すでに）や just（ちょうど），疑問文や否定文では yet（まだ，もう）といった表現を伴うことがよくあります。

Check! 英文の下線部が，どの意味で使われているかを選びましょう。
I have wanted my own bike for a long time.
① 継続　　② 経験　　③ 完了

014

Nao had lived in Italy for five years when she moved to France.

フランスに引っ越したとき,
ナオは5年間イタリアに住んでいた。

POINT　過去完了形は「継続」「経験」「完了」「大過去」を表す

☑「継続」を表す過去完了形の文

　この文では, had livedがVであり, had *done* の形が使われています。この形を**過去完了形**と呼びます。**過去完了形は「過去」を基準に, それよりも昔のことを振り返る表現**です。例文では,「フランスに引っ越したとき」という「過去」を基準に, さらに過去を振り返り, 引っ越すまでは5年間イタリアに住んでいる状態が**「継続」**していたことを表しています。

☑「経験」や「完了」を表す過去完了形の文

　現在完了形と同様に, 過去完了形も**「経験」「完了」**の意味を表せます。

〔例〕 She had visited the London Zoo three times by the time
　　　she turned 20.
　　　（20歳になるまでに3回, 彼女はロンドン動物園に行ったことがあった）

〔例〕 He had finished his homework before he went shopping.
　　　（買い物に出かける前に, 彼は宿題を終えていた）

☑「大過去」を表す過去完了形の文

　もう1つ,「**大過去**」という過去完了形の用法を見ておきましょう。

〔例〕 I remembered that I had left the window open.
　　　（私は窓を開けたままにしたことを思い出した）

　ある過去の時点よりも前に起こった出来事を表し, 例文では「思い出した」時点よりも前に「窓を開けたままにした」ことがわかります。

Check!　英文の下線部が, どの意味で使われているかを選びましょう。
She had taught English for 20 years when she retired.
① 継続　　② 経験　　③ 完了　　④ 大過去

015

Harry will have lived in Spain for five years by the end of next month.

ハリーは来月末で,スペインに住んで5年になる。

POINT 未来完了形は「継続」「経験」「完了」を表す

☑「継続」を表す未来完了形の文

　この文では,will have lived が V であり,will have *done* の形が使われています。この形を**未来完了形**と呼びます。**未来完了形は「未来」を基準に,それより前のことを振り返る表現**です。例文では,「来月末」という未来の時点を基準にそれより前を振り返ると,スペインに住んでいる状態が5年間「継続」していることを表しています。

☑「経験」を表す未来完了形の文

　現在完了形や過去完了形と同様に,未来完了形でも「**経験**」の意味を表せます。

　〔例〕She will have visited MoMA three times next time.
　　　　（彼女は次回で3回,ニューヨーク近代美術館を訪れることになる）

　ニューヨーク近代美術館を訪れるという「経験」をこれまでに2回していて,次に訪れると3回目になるというイメージです。「経験」と相性がよい three times（3回）という表現が使われていることにも着目しましょう。

☑「完了」を表す未来完了形の文

　「完了」の意味を表す未来完了形の文も確認しておきましょう。

　〔例〕We will have finished dinner before 7 p.m.
　　　　（私たちは午後7時までに夕食を終えているだろう）

　午後7時という未来の時点までに夕食が「完了」しているというイメージです。

Check! 英文の下線部が,どの意味で使われているかを選びましょう。

They will have done their work by the time they leave the office.

① 継続　　② 経験　　③ 完了

016

Mike has been reading a book for two hours.

マイクは2時間,本を読んでいる。

POINT | **完了進行形は,ある時点から別の時点までの動作の継続を表す**

☑「継続」を表す現在完了進行形の文

この文では,has been reading が V であり,have [has] been *doing* の形が使われています。この形を**現在完了進行形**と呼びます。**現在完了進行形は「過去から現在までの動作の継続」**を表す表現です。例文では,過去から現在まで 2 時間,read a book (本を読む) という動作が**「継続」**していることを表しています。

☑ 現在完了進行形は,原則として「動作動詞」に使う

現在完了進行形も進行形の一種であるため,「状態動詞」は原則としてこの形にしません (p.20参照)。**状態動詞の「継続」は have [has] *done* の形で表します。**

〔例〕 He has liked sushi since he was a child.

　　　(彼は子どもの頃から寿司が好きだ)

☑ 過去完了進行形と未来完了進行形

過去から過去までの動作の「継続」を表すには**過去完了進行形 had been *doing***の形を,過去または現在から未来までの動作の「継続」を表すには**未来完了進行形 will have been *doing*** の形を使います。例文で確認しておきましょう。

〔例〕 Mike had been reading for two hours when someone knocked at the door. (誰かがドアをノックしたとき,マイクは 2 時間読書をしていた)

〔例〕 Mike will have been reading for two hours by noon.

　　　(正午までに,マイクは 2 時間読書をしていることになるだろう)

> **Check!**
>
> 英文の空所に入る適切な選択肢を選びましょう。
>
> He _____ TV for one hour now.
>
> ① has been watching　　② had been watching
>
> ③ will have been watching

017

If it rains tomorrow, I'll stay at home.

もし明日雨が降れば,私は家にいるだろう。

POINT 時・条件の意味の副詞のカタマリの中の動詞は,未来のことでも will を使わない

☑ 時制の超重要ルール

tomorrow（明日）という語からもわかるように,この文の If のカタマリの中は未来のことを表しています。しかし,このカタマリの中では will rain ではなく rains という表現が使われています。なぜでしょうか?

それは,**時・条件の意味の副詞のカタマリの中の動詞は,未来のことでも will を使わない**というルールがあるからです。このルールが当てはまらないコンマ以降の部分は,will を使って未来のことを表しています。

☑ 「時・条件の意味の副詞のカタマリ」を作る接続詞

代表的な**「時・条件の意味の副詞のカタマリ」を作る接続詞**を確認しましょう。

> ▶ after「…した後」　▶ as soon as「…するとすぐに」　▶ before「…する前に」
> ▶ by the time「…するまでに」　▶ if「もし…」　▶ once「いったん…すると」
> ▶ until [till]「…するまで」　▶ when「…するときに」

☑ if と when のカタマリの中では will を使うこともある

if と when のカタマリは,要注意です。次の文を見てください。

〔例〕I don't know if it will rain tomorrow.　（明日雨が降るかどうかはわからない）

〔例〕I don't know when it will rain tomorrow.　（明日はいつ雨が降るかわからない）

if と when は副詞以外のカタマリを作ることがあります。下線部は両方とも,**know の目的語として名詞のはたらき**をしています（p.97 参照）。このように,カタマリ全体の品詞が「副詞」ではないときは will を使います。

Check! 次の文の空所には,①と②のどちらを入れるのが適切ですか。

When she _____, we will start the meeting.

① arrives　　② will arrive

018 Six years have passed since the couple got married.

2人が結婚してから6年が経った。

POINT 「…してから〜が経つ」の意味を表す3つの表現

☑ Six years を主語にした表現

この文では Six years（6年）が S, have passed（経った）が V です。since the couple got married（2人が結婚してから）という時間の幅を表す表現があることから，**過去から現在までの「継続」を表す現在完了形**だと判断できます。

☑ It を主語にした表現

018 の例文と同じ内容は，It を主語にした文によっても表すことができます。

［例］**It is six years since the couple got married.**

この文の It は「時間の it」といわれるものです（p.111参照）。It is 6 o'clock.（今は6時です）のような文で使われる It と同じだと考えるとよいでしょう。また，現在完了形を使って，次のように表すこともできます。

［例］**It has been six years since the couple got married.**

☑ The couple を主語にした表現

同じ内容を表すことができるのは，It を主語にした文だけではありません。The couple を主語にした文によっても表すことができます。

［例］**The couple has been married for six years.**

この文では，be married（結婚している）という状態が過去から現在まで6年間「継続」していると考え，現在完了形を使っています。

Check! 次の文の空所には，①と②のどちらを入れるのが適切ですか。

It _____ three years since Jeff graduated from high school.

① has been   ② has passed

019 Ashley can speak three languages; English, Chinese and Spanish.

アシュリーは英語,中国語,スペイン語の
3カ国語を話すことができる。

POINT 助動詞のcanは,「…できる」などの意味を表す

☑「能力」を表すcan

この文では,**助動詞の can** が使われています。**〈can＋動詞の原形〉の形で,**
「…できる」という「能力」の意味を表すことができます。また, canの過去形
couldを使った〈could＋動詞の原形〉の形で,「…できた」という意味を表すこ
とができます。なお, canの否定形はcan't（＝cannot）です。

☑「可能性」を表すcan

〈can＋動詞の原形〉の形で,「…ことはありうる」という「**可能性**」の意味
を表すこともできます。また,〈could＋動詞の原形〉の形で,「…かもしれない,
…こともありうるだろう」という意味を表すことができます。

〔例〕 Anyone can make a mistake. （誰でも間違いを犯すことはある）

〔例〕 It could snow late at night. （夜遅くに雪が降るかもしれない）

なお, canやcouldは「**許可**」や「**依頼**」の意味で使われることもあります。
couldを使った表現のほうがより丁寧な言い方です。

〔例〕 Could I use your phone? （あなたの電話を使わせていただけませんか）

☑「…でありうるだろうか」「…はずがない」

canを**疑問文で用いて「…でありうるだろうか」**という意味を表すことがあ
ります。**否定文で用いて「…はずがない」**という意味を表すこともあります。

〔例〕 Can her story be true? （彼女の話は本当だろうか）

〔例〕 Her story cannot be true. （彼女の話は本当のはずがない）

Check! 次の文の空所には,①と②のどちらを入れるのが適切ですか。
He _____ swim 1,000 meters. 彼は1,000メートル泳げる。
① can ② must

020

Beth will go to the ballpark tomorrow.

ベスは明日,球場に行くつもりだ [行くだろう]。

POINT 助動詞のwillは,「…するだろう」「…するつもりだ」などの意味を表す

☑「未来」を表すwill

この文では,**助動詞のwill**が使われています。willは主に未来のことを表し,〈will + 動詞の原形〉の形で,「**…するだろう**」という「**単純未来**」の意味や「**…するつもりだ**」という「**意志未来**」の意味を表す**ことができます。ある文の意味が単純未来なのか意志未来なのかは区別が難しいことも多く,そのような場合は文脈などから意味を判断します。なお,willの否定形はwon't (= will not) です。

〔例〕I won't eat ice cream. （私はアイスクリームを食べないつもりだ）

☑ willの過去形would

willの過去形はwouldです。例えば,単純未来や意志未来のwillが時制の一致によって過去形になる場合,wouldを用います。

〔例〕He said that he would read the book.
（彼はその本を読むつもりだと言った）

☑「依頼」を表すWill you ～? と Would you ～?

助動詞のwillやwouldを用いた重要表現に,Will you ...? やWould you ...? があります。どちらも,「**…してもらえますか**」という「**依頼**」の意味を表しますが,Would you ...?のほうがより丁寧な言い方です。

〔例〕Will you give me some tea? ≒ Would you give me some tea?
（紅茶をもらえますか）

Check! 次の文の空所には,①と②のどちらを入れるのが適切ですか。
_____ you pass me the sugar? 砂糖をとってもらえますか。
① Will ② May

021

Kazuo may go to Akihabara to buy a laptop.

カズオは秋葉原にノートパソコンを
買いに行くかもしれない。

POINT 　助動詞のmayは，「…するかもしれない」などの意味を表す

☑「推量」を表すmay

　この文では，**助動詞のmay**が使われています。mayは主に「**推量**」の意味を表し，〈may＋動詞の原形〉の形で，「**…するかもしれない**」という意味を表すことができます。また，mayの過去形mightを使い，mayよりも**弱い推量**を表すことがよくあります。

　〔例〕**He might get off at Shinjuku Station.**
　　　（彼は新宿駅で降りるかもしれない）

☑「許可」「可能」を表すmay

　〈may＋動詞の原形〉の形で，「**…してもよい**」という「許可」の意味や，「**…できる**」という「可能」の意味を表すこともできます。「…してもよい」は，上から目線で許可するというようなイメージです。

　〔例〕**You may come in.** 　（入ってもいいですよ）
　〔例〕**You may walk there on foot.** 　（あなたはそこまで徒歩で行ける）

☑ may［might］have *done*

　may［might］have *done* の形で，「**…したかもしれない**」という「**過去についての推量**」の意味を表すことができます。mayの過去形mightだけで過去のことを表す場面はそれほど多くありません。

　〔例〕**The road is wet; it may［might］have rained last night.**
　　　（道が濡れている。昨晩，雨が降ったのかもしれない）

Check!
次の文の空所には，①と②のどちらを入れるのが適切ですか。
He _____ here yesterday.
① may come　　② may have come

022

Yoko hasn't eaten anything today. She must be hungry.

ヨーコは今日,何も食べていない。
彼女は空腹にちがいない。

POINT | **助動詞のmustは,「…にちがいない」などの意味を表す**

☑「推量」を表すmust

　この文では,**助動詞のmust**が使われています。〈must＋動詞の原形〉の形で,**「…にちがいない」という「推量」の意味を表す**ことができます。この意味のときは,beやknowといった状態動詞とともに用いられるのが通例です。

☑「義務」を表すmustとhave to

　〈must＋動詞の原形〉の形で,**「…しなければならない」という「義務」の意味を表す**こともできます。また,これと同じような意味を〈have to＋動詞の原形〉の形で表すこともできます。

[例] I feel I must study harder.
　　(私はもっと一生懸命勉強しなければならないと感じている)

[例] To pass that exam, you have to study harder.
　　(試験に受かるためには,あなたはもっと一生懸命勉強しなければならない)

☑「禁止」を表すmustn'tと「不必要」を表すdon't have to

　mustの否定形mustn't(＝must not)を使った〈mustn't＋動詞の原形〉の形で,**「…してはならない」という「禁止」の意味を表す**ことができます。また,〈don't have to＋動詞の原形〉の形で,**「…する必要がない」という「不必要」の意味を表す**ことができます。

[例] You mustn't take the medicine. (その薬を飲んではならない)

[例] You don't have to take the medicine. (その薬を飲む必要はない)

Check!　次の文の空所には,①と②のどちらを入れるのが適切ですか。
You _____ open this box.　あなたはこの箱を開けてはならない。
① mustn't　② don't have to

023 We should make reservations for the restaurant in advance.

私たちは前もってそのレストランの予約をすべきだ。

POINT 助動詞のshouldは，「…すべきだ」などの意味を表す

☑「義務」を表すshould

この文では，助動詞の should が使われています。〈should ＋動詞の原形〉の形で，「…すべきだ」という「義務」の意味を表すことができます。また，〈ought to ＋動詞の原形〉の形でも，同様の意味を表すことができます。

［例］You ought to help him. （あなたは彼を助けるべきだ）

☑「推量」を表すshould

〈should ＋動詞の原形〉の形で，「…はずだ」という「推量」の意味を表すこともできます。

［例］He should know the truth. （彼は真実を知っているはずだ）

☑「…したほうがよい」を表すhad better

「…すべきだ」の意味を表すshould と似たような意味の表現に had better があります。〈had better ＋動詞の原形〉の形で，「…したほうがよい」という意味を表すことができます。この表現は，単に「…したほうがよい」ということを言うにとどまらず，「さもないと悪い結果が起こる」という意味を含んでいます。否定の形は had better not「…しないほうがよい」です。not の位置に注意しましょう。

［例］You had better close the window. （あなたは窓を閉めたほうがよい）
［例］You had better not wake him up. （あなたは彼を起こさないほうがよい）

Check! 次の文の空所には，①と②のどちらを入れるのが適切ですか。
You _____ buy this book. あなたはこの本を買うべきだ。
① may ② should

024

You needn't show your ID card to enter the building.

その建物に入るためにIDカードを示す必要はない。

POINT | **needn't do は，「…する必要がない」の意味を表す**

☑「不必要」を表す needn't do

　この文では，**助動詞の need** を用いた needn't do の形が使われています。助動詞の need は否定文か疑問文で使われるのが原則です。〈needn't ＋ 動詞の原形〉**の形で，「…する必要がない」という「不必要」の意味を表す**ことができます。ただし，助動詞 need を用いた疑問文はかなり格式ばった表現であり，それほど多くは使われません。

　〔例〕 Need I show my ID card to enter the building?
　　　　（その建物に入るためにIDカードを示す必要はありますか）

☑「不必要」を表す don't need to do

　024 の例文と同じような意味は，動詞の need を用いた 〈don't need to ＋ 動詞の原形〉 の形でも表すこともできます。疑問文の形も確認しておきましょう。

　〔例〕 You don't need to show your ID card to enter the building.
　〔例〕 Do I need to show my ID card to enter the building?

☑ needn't have done

　needn't have done の形や 〈didn't have to ＋ 動詞の原形〉 の形で，「…する**必要はなかった」という意味を表す**ことができます。前者が実際に行為をしたことを示すのに対して，後者は実際に行為をしたかどうかを文脈から判断します。

　〔例〕 You needn't have shown your ID card to enter the building.
　　　　（その建物に入るためにIDカードを示す必要はなかったのに）

Check! 次の文の空所には，①と②のどちらを入れるのが適切ですか。
You ＿＿＿＿ take a bus to go to the shopping mall.
① need　　② needn't

025

The concert was great. You should have come.

コンサートは素晴らしかったよ。
君も来るべきだったのに。

POINT

should have *done*は，「…すべきだったのに」「(もう)…したはずだ」の意味を表す

☑「後悔」「非難」を表すshould have *done*

この文では，**助動詞のshould**を用いたshould have *done*の形が使われています。shouldは「…すべきだ」という意味を持ちますが，**should have *done*の形では，「…すべきだったのに（しなかった）」という「後悔」や「非難」の意味を表す**ことができます。

☑「過去についての推量」を表すshould have *done*

should have *done*は**「(もう)…したはずだ」**という意味で使われることもあります。shouldには「…はずだ」という意味もあり，**should have *done*の形で，「過去についての推量」の意味を表す**ことができます。

[例] She left here early; she should have arrived there by now.
（彼女は早くにここを出発した。もうそこに到着したはずだ。）

☑ must have *done*

should have *done*と似ているのがmust have *done*です。**must have *done*の形で，「…したにちがいない」という「過去についての推量」の意味を表す**ことができます。mustは「…にちがいない」や「…しなければならない」という意味を持ちますが，この形にすると「…したにちがいない」という意味になります。「…しなければならなかった」と言いたいときは，had to *do*の形を使います。

[例] There is no trash; they must have cleaned this room.
（ゴミがない。彼らはこの部屋を掃除したにちがいない）

Check! 次の文の空所には，①と②のどちらを入れるのが適切ですか。
The man looks happy; something good _____ to him.
① must have happened ② mustn't have happened

026

Daniel used to drink tea, but now he prefers coffee.

ダニエルはかつて紅茶を飲んでいたが，
今ではコーヒーをより好む。

POINT | 助動詞のused toは，「かつては…していた」などの意味を表す

☑「過去の習慣的動作」を表すused to

この文では，**助動詞のused to**が使われています。〈used to ＋動詞の原形〉の形で，「かつては…していた」という「過去の習慣的動作」の意味を表すことができます。また，この表現には「今はそうではない」という意味が含まれているため，過去と現在との対比を示すことができます。

☑「過去の状態」を表すused to

〈used to ＋動詞の原形〉の形で，「（今とは違って）かつては…だった」という「過去の状態」の意味を表すこともできます。**026**の例文では，drinkという動作動詞が使われていましたが，この意味の場合は状態動詞が使われます。なお，この使い方の場合も「今はそうではない」という意味が含まれています。

〔例〕There used to be a tall tree here.（ここにはかつて背の高い木があった）

☑「過去の習慣的動作」を表すwould

〈would ＋動詞の原形〉の形で，「かつては…したものだ」という「過去の習慣的動作」の意味を表すことができます。used toとは異なり，wouldは原則として動作動詞とともに用いられます。過去のことを回想的に述べるようなイメージで，「今はそうではない」という意味を必ずしも含みません。

〔例〕We would often go camping every summer.

（毎年夏になると，私たちはよくキャンプに行ったものだ）

Check! 次の文の空所には，①と②のどちらを入れるのが適切ですか。
There _____ be a convenience store here.
① used to　　② would

027

You may well be angry. You were kept waiting an hour.

あなたが怒るのももっともだ。
1時間も待たされたのだから。

POINT | may well *do* は，「…するのももっともだ」の意味を表す

☑「…するのももっともだ」を表す may well *do*

この文では，助動詞 may を用いた慣用表現 may well *do* が使われています。〈may［might］well ＋動詞の原形〉の形で，「…するのももっともだ」という意味を表すことができます。

☑「たぶん…だろう」を表す may well *do*

〈may［might］well ＋動詞の原形〉の形で，「たぶん…だろう」という「推量」の意味を表すこともできます。この well は可能性を強めるはたらきをしており，may［might］を単独で用いる場合よりも可能性が高いことを表しています。

［例］It may［might］well snow tomorrow.　（明日はたぶん雪だろう）

☑ may as well ... と may as well ... as 〜

〈may［might］as well ＋動詞の原形〉の形で，「…したほうがよい」という意味を表すことができます。また，〈may［might］as well ＋動詞の原形① ＋ as ＋動詞の原形②〉の形で，「②するのは①するのと同じだ」「②するくらいなら，いっそ①したほうがましだ」という意味を表すことができます。

［例］It's already midnight. You may［might］as well go to bed.
（もう12時だ。そろそろ寝たほうがよい）

［例］You may［might］as well throw your money away as lend it to him.
（彼にお金を貸すのは，捨ててしまうのと同じだ）≒
（彼にお金を貸すくらいなら，いっそ捨ててしまったほうがましだ）

Check! 次の文の空所には，①と②のどちらを入れるのが適切ですか。

Since you're a stranger around here, you _____ get lost.

① may well　② must well

028

The Beatles are loved by people all over the world.

ビートルズは世界中の人々に愛されている。

POINT 受動態は〈be動詞+*done*〉の形

☑ 受動態は〈be動詞 + *done*〉の形

この文では，The Beatles（ビートルズ）がS，are loved（愛されている）がVです。〈be動詞 + *done*（過去分詞）〉で「…**される**」という意味です。このような形になる文は**受動態**の文と呼ばれます。

☑ 受動態と能動態

「…**される**」という意味になる文を受動態の文と言うのに対し，「…**する**」という意味になる文を能動態の文と言います。

[例] _SPeople all over the world _Vlove _Othe Beatles.
（世界中の人々がビートルズを愛している）

028の例文と比べてみましょう。この能動態の文でOとして使われているthe BeatlesをSにし，loveというVをare lovedという形にしたのが**028**の例文です。能動態の文でSとして使われていたPeople all over the worldという行為主は，受動態の文ではby …「…によって」をつけて表します。

☑ 受動態の文では行為主を書かないことも多い

受動態の文では，行為主（by ...の部分）を書かないこともよくあります。これは，**行為主がはっきりしないとき**や**行為主をはっきりさせたくないとき**に受動態の文がよく使われるためです。次の文は，ミスをした人がわからないときや，ミスをした人を明らかにしたくないときに用いられる表現です。

[例] Some mistakes were made. （いくつかのミスがあった）

Check! 次の文の空所には，①と②のどちらを入れるのが適切ですか。

A large fish _____ by my father.

① was caught　② caught

029

Books should be placed on the bookshelf.

本は本棚に置くべきだ。

助動詞を用いた受動態は〈助動詞＋be *done*〉の形

☑ 助動詞を用いた受動態は〈助動詞＋be *done*〉の形

この文では，Books（本）がS，should be placed（置かれるべきだ）がVです。**受動態の文に助動詞の意味を加えたい場合は，〈助動詞＋be *done*〉の形を使**います。

☑「直訳」よりも「能動の訳」が自然

助動詞を用いた受動態の文は，**直訳すると不自然な日本語**になることがよくあります。次の文を見てください。

〔例〕 That mushroom can be eaten.

この文を「直訳」すると，「そのキノコは**食べられる**ことができる」となります。しかし，これはやや不自然な日本語ですね。そこで，食べられる側であるキノコ目線の「…される」という受動の訳ではなく，食べる側である人間目線の「…する」という能動の訳を考えてみましょう。「（人は）そのキノコは**食べる**ことができる」となり，自然な日本語になります。

☑ 否定文と疑問文

助動詞を用いた受動態の文の**否定文**は，**助動詞の後ろにnotなどを置いて**表します。また，助動詞を用いた受動態の文の**疑問文**は，**助動詞とSを入れ替えて**作ります。

〔例〕 Books mustn't be placed on the floor. （本は床に置いてはならない）
〔例〕 Can the church be seen from here? （ここから教会は見えますか）

> **Check!** 次の文の空所には，①と②のどちらを入れるのが適切ですか。
> Rules _____.
> ① must follow ② must be followed

030

Coffee has long been drunk all over the world.

コーヒーは長い間,世界中で飲まれてきた。

POINT 現在完了形の受動態はhave［has］been *done*の形

✓ 現在完了形の受動態

この文では,Coffee（コーヒー）がS,has been drunk（飲まれてきた）がV です。**現在完了形の受動態は,have［has］been *done*** の形を使います。特に気 をつけてほしいのがbeenの部分です。受動態を表す〈be動詞 + *done*〉の前に完 了形のhaveがつくと,be動詞の部分が過去分詞形のbeenになり,have been *done* の形になります。受動態のサインであるこのbeenを忘れてしまうと,have *done* というただの能動態の形になってしまうので注意しましょう。

✓ 過去完了形の受動態

過去完了形の受動態は,had been *done* の形を使います。現在完了形の受動 態のhave［has］の部分をhadに変えた形です。

［例］Kingfishers had always been seen around here until the early 1990s.
（1990年代前半まで,このあたりではカワセミがいつも見られた）

✓ 未来完了形の受動態

未来完了形の受動態は,will have been *done* の形を使います。現在完了形の 受動態にwillをつけた形です。

［例］This report will have been finished by tomorrow morning.
（このレポートは明日の朝までには終えられて［完成して］いるだろう）

Check! 次の文の空所には,①と②のどちらを入れるのが適切ですか。
Baseball ＿＿＿＿ by many people for many years.
① has been enjoyed　　② has enjoyed

031

A new building is being built now.

新しい建物が建てられているところだ。

POINT　進行形の受動態は〈be動詞+being *done*〉の形

☑ 現在進行形の受動態

　この文では，A new building（新しい建物）がS，is being built（建てられている）がVです。「…されているところだ」という意味を表す**現在進行形の受動態は，is [am / are] being *done* の形を使います。**〈be動詞 + being〉の形に違和感があるかもしれませんが，進行形のサインbeingを忘れないようにしましょう。

☑ 能動態と受動態の区別に注意

　次の文を見てください。1つ目は「…している」という意味の能動態の文，2つ目は「…されている」という意味の受動態の文です。進行形の能動態と受動態は形が似ていてまぎらわしいため，しっかり区別しておきましょう。

　　〔例〕 **The crow is building a nest now.**　　　　＊能動態の進行形は
　　　　 （今，カラスが巣を作っている）　　　　　　　　〈be動詞 + *doing*〉

　　〔例〕 **A nest is being built by the crow now.**　　＊受動態の進行形は
　　　　 （今，巣がカラスによって作られている）　　　　〈be動詞 + being *done*〉

☑ 過去進行形の受動態

　過去のある時点で「…されていた」ということを表す**過去進行形の受動態は，was [were] being *done* の形を使います。**〈be動詞 + being *done*〉のbe動詞を過去形に変えた形です。

　　〔例〕 **The bench was being repaired when I went to the park.**
　　　　 （私が公園に行ったとき，ベンチは修理されていた［修理中だった］）

Check!　次の文の空所には，①と②のどちらを入れるのが適切ですか。
　　　　 The wall ＿＿＿＿＿ now.
　　　　 ① is painting　　② is being painted

032

Tom was laughed at by everyone in the class.

トムはクラスの全員から笑われた。

POINT 複数の語からなる動詞の受動態は〈be動詞+*done*+前置詞［副詞］〉の形

〈動詞＋前置詞〉の表現の受動態

　この文では，Tom（トム）がS，was laughed at（笑われた）がVです。A be laughed at by ... は「Aは…によって笑われる」という意味で，laugh at A「Aのことを笑う」の受動態です。このように，〈動詞＋前置詞〉という複数の語からなる動詞の表現は，前置詞を動詞の後ろにくっつけたまま受動態にします。

〈動詞＋副詞〉の表現の受動態

　次の文を見てください。この文を受動態にするとどうなるでしょうか。

　［例］ **People in the city threw away a lot of garbage.**
　　　（その都市の人々はたくさんのごみを捨てた）

throw away A「Aを捨てる」のaway は副詞ですが，考え方は〈動詞＋前置詞〉の場合と同様です。〈be動詞＋*done*＋副詞〉の形を作ります。

　［例］ **A lot of garbage was thrown away by people in the city.**
　　　（たくさんのごみがその都市の人々によって捨てられた）

少し長めの表現も発想は同じ

take care of A「Aの世話をする」の受動態を考えてみましょう。動詞の後ろにいろいろなものがくっついている場合，くっついているものごと受動態にします。

　［例］ **The cat is taken care of by the staff.** ＊A be taken care of「Aは世話をされる」
　　　（そのネコはスタッフによって世話をされている）

Check!　次の文の空所には，①と②のどちらを入れるのが適切ですか。
Jim was _____ by his colleague.　ジムは同僚にうそをつかれた。
① lied　　② lied to

033

If I were a cat, I would sleep all day long.

もし私がネコなら,1日中寝ているだろう。

☑ 仮定法過去の基本形

　この文では,ifのカタマリ(If I were a cat)の中で,be動詞の過去形wereが使われています。また,ifのカタマリの外では助動詞willの過去形wouldが使われています。**「現在・未来のこと」についての仮定を表す**には,ifのカタマリの中で動詞の過去形(be動詞なら原則としてwere)を使い,外では助動詞の過去形を使います。このように過去形を使う仮定法を**仮定法過去**と言い,If S *did*[were] ..., S would[might / could] *do* 〜の形で,「もしSが…するなら[なら],Sは〜するだろう[かもしれない/できるだろう]」という意味を表します。

☑「想像」を表す仮定法

　[例] If I had a time machine, I could see my future.
　　　(もしタイムマシーンがあったら,自分の将来を見ることができるだろう)

　この文の「タイムマシーンがあったら」と「自分の将来を見ることができる」は,両方とも想像の世界のお話です。このように,**現在の事実に反することや起こる可能性がゼロまたは極めて低いことは仮定法過去の形を使って表せます。**

☑ ifのカタマリは後ろにあることもある

　ifのカタマリは文の後ろに来ることもあります。例文で確認しておきましょう。

　[例] Michelle might be surprised if she won first prize in the lottery.
　　　(ミシェルはくじで1等が当たったら驚くかもしれない)

Check! 次の文の空所には,①と②のどちらを入れるのが適切ですか。

If I were you, I _____ the offer.

① will accept　　② would accept

034

If Mark had taken the train, he would have arrived in time.

もしマークが電車に乗っていたら，
間に合うように到着しただろう。

POINT　仮定法過去完了の基本形——
If S had *done* ..., S would have *done*

☑ 仮定法過去完了の基本形

　この文では，ifのカタマリの中でtakeの過去完了形had takenが使われています。また，ifのカタマリの外ではwould have arrivedという形が使われています。**「過去のこと」についての仮定を表す**には，ifのカタマリの中で動詞の過去完了形を使い，外では〈助動詞の過去形＋have *done*〉の形を使います。このように過去完了形を使う仮定法を**仮定法過去完了**と言い，If S had *done* ..., S would [might / could] have *done* ～の形で，「もしSが…したなら，Sは～しただろう[かもしれない／できただろう]」という意味を表します。

☑「想像」を表す仮定法

　［例］If he had listened to his coach then, he could have won the match.
　　　（あのときコーチの言うことを聞いていたら，彼は試合に勝てただろう）

　この文の「あのときコーチの言うことを聞いていたら」と「試合に勝てただろう」は，両方とも想像の世界のお話です。つまり，実際にはコーチの言うことを聞かなかった過去を振り返って，「あのときもし…」と想像しているのです。このように，**過去の事実に反する想像の話は仮定法過去完了の形を使って表します**。

☑ ifのカタマリは後ろにあることもある

　仮定法過去の場合と同じように，ifのカタマリが後ろに来ることもあります。

　［例］I might have gone to see a movie if I had finished my work earlier.
　　　（もっと早く仕事を終えていたら，私は映画を見に行ったかもしれない）

Check!　次の文の空所には，①と②のどちらを入れるのが適切ですか。
If he had gone to bed early last night, he ＿＿＿＿ this morning.
① wouldn't oversleep　　② wouldn't have overslept

035

If I had got up earlier this morning, I would be eating lunch now.

もし今朝もっと早起きしていたら,
今頃は昼食を食べているだろう。

POINT 「過去に…したなら,現在〜だろう」を表す,
If S had *done* ..., S would *do* 〜

✓「過去」と「現在」が混ざった仮定

　この文では, this morning（今朝）という過去のことについての仮定を表すため, ifのカタマリの中でhad got upという過去完了の形を使っています。一方, ifのカタマリの外では, now（今）という現在のことについての仮定を表すため, would be eating（would *do* の形）を使っています。このように**「過去に…したなら,現在〜だろう」**という意味を表すためには, If S had *done* ..., S would [could / might] *do* 〜という形を使います。

✓ifのカタマリの中と外を分けて考える

　035の例文のように, ifのカタマリの中と外とで,**表す「時」が異なる**ことがあります。過去のことを表すIf S had *done* ... という形があるからといって, 過去のことを表すS would have *done* という形が常に続くわけではありません。

✓「現在…なら,過去に〜しただろう」を表す仮定法

　それでは,「もし私があなたなら, 昨日パーティーに行っただろう」という日本語を英語にする場合, どのような形になるでしょうか。「もし私があなたなら」の部分（ifのカタマリの中）は現在のことについての仮定ですから, If S *did* [were] ... という形を使います。また,「昨日パーティーに行っただろう」の部分（ifのカタマリの外）は過去のことですから, S would have *done* ... という形を使います。

　[例] If I were you, I would have gone to the party yesterday.

Check! 次の文の空所には,①と②のどちらを入れるのが適切ですか。
If I _____ to him then, I wouldn't be in trouble now.
① listened　　② had listened

If animals were to start talking, what would you do?

もし動物たちが話し始めたら，
あなたはどうしますか？

POINT　未来のことを表す，if S were to *do*とif S should *do*

✓ if S were to *do*

　この文のIfのカタマリの中は，**話し手（書き手）が，起こる可能性がないか，極めて低いと考える未来の事柄**についての仮定を表しています。コンマ以降が仮定法過去の形になっていることからも，仮定法の表現であることがわかります。

✓ if S should *do*

　if S were to *do* と似た表現に，if S should *do* があります。これは，**話し手（書き手）が，起こる可能性は低いが，ありうると考えている未来の事柄**に使われる表現です。ifのカタマリの中のshouldは「万一」の意味を持ちます。

　［例］**If you should have any trouble, call me.**

　　　（万一トラブルがあれば，私に電話をしてください）

✓ 2つの表現の違い

　if S were to *do* ではifのカタマリの外が**仮定法の表現**であるのに対し，if S should *do* ではifのカタマリの外で**命令文やwillの入った文**が使われ，仮定法の表現を用いないことがあります。例文で確認しておきましょう。

　［例］**If he should come, I'll be surprised.**　（万一彼が来たら，私は驚くだろう）

　この文では，仮定法で使われる助動詞willの過去形wouldではなく，willが用いられています。ただし，次のように仮定法過去を用いることもあります。

　［例］**If a large earthquake should happen, I wouldn't know what to do.**

　　　（万一大きな地震が起こったら，私は何をしたらよいかわからないだろう）

Check!　次の文の空所には，①と②のどちらを入れるのが適切ですか。

If it _____ in the UAE, I would be totally surprised.

① were to snow　　② will snow

037 Were I you, I would turn down the offer.

もし私があなたなら，その申し出を断るだろうに。

POINT 仮定法では，ifが省略されて倒置が起こることがある

if S were ... = were S ...

仮定法では，**if の省略**が行われることがあります。この文では，If I were you（もし私があなたなら）という仮定法過去の表現のifが省略されていますが，ただifが取られているわけではありません。ifを取ったあとは，続く 2 つの語句（ここではIとwere）の語順をひっくり返して入れかえる「倒置の形」にする必要があります。このようにifの省略が行われる場合，語順に注意が必要です。**ifを取って，続く 2 つの語句をひっくり返す**と覚えておきましょう。

if S had *done* ... = had S *done* ...

if S had *done* ...の形（仮定法過去完了の文）でも**ifを省略**することがあります。次の文の下線部が，If I had finished my homeworkと同じ意味であることを確認しておきましょう。

〔例〕**Had I finished my homework, I could have gone out with my friends.**
（もし宿題が終わっていたら，友達と出かけられただろうに）

if S should *do* ... = should S *do* ...

if S should *do*「万一Sが…したら」という「起こる可能性の低いこと」を表す表現（p.45参照）でも，**ifを省略**することができます。次の文の下線部は，If someone should comeと同じ意味です。

〔例〕**Should someone come, let me know.**
（万一誰かが来たら，私に知らせてください）

Check! 次の文の空所には，①と②のどちらを入れるのが適切ですか。
_____ I a rocket, I would fly to the moon.
① Were　② If

038

An American person would pronounce the word in a different way.

アメリカ人なら,
その単語を違ったように発音するだろう。

POINT　ifを使わない仮定法がある

☑ 文の主語がif ... の代わりになる仮定法

この文では, An American person (アメリカ人) がS, would pronounce (発音するだろう) がVです。助動詞の過去形wouldが使われていますが, 過去のことを表すわけではありません。これは仮定法の文であり, **現在のことについての仮定**を表しています。では, 仮定の部分 (ifのカタマリ) はどこに行ったのでしょうか。実は, **主語のAn American personがif ... の代わり**になっています。つまり, 主語の部分に**アメリカ人「なら」**という仮定の意味が含まれているわけです。

☑ 副詞句がif ... の代わりになる仮定法

次の文を見てください。この文は, would have been acceptedという形に着目すると, **過去のことについての仮定**を表していると考えられます。50 years agoという副詞句が**50年前「なら」**という意味でifの代わりになっています。

〔例〕The idea would have been accepted 50 years ago.
　　（その考えは50年前なら受け入れられていただろう）

☑ 仮定法の目印は助動詞の過去形

「文の主語」や「副詞句」がif ... の代わりになっている文では, ifのカタマリがある文と比べて, 仮定法であることに気づきにくくなってしまいます。**仮定法の文には助動詞の過去形が含まれている**ため, これが仮定法のサインとなります。現在の文脈で助動詞の過去形がある場合や, 過去の文脈で〈助動詞の過去形 + have done〉の形がある場合は「仮定法かも？」と考えるクセをつけましょう。

Check! 次の文の空所には, ①と②のどちらを入れるのが適切ですか。
You _____ the next match.　あなたなら次の試合に勝つだろう。
① would win　② won

039

If it were not for the internet, communicating would be much slower.

インターネットがなければ，
コミュニケーションはずっと遅くなるだろう。

POINT 仮定法を用いた重要表現——
if it were not for ...「…がなければ」など

☑ if it were not for ...「…がなければ」

　この文では，If it were not for ...「…がなければ」という表現が使われています。「**現在，実際にはあるが，もしなければ**」という**仮定**を表すため，仮定法過去の形が使われています。このとき，ifを省略した形が使われることもあります。

　〔例〕Were it not for the internet, communicating would be much slower.

☑ if it had not been for ...「…がなかったら」

　では，「**過去に実際にあったが，もしなかったら**」という**仮定**を表すときは，どのような形を使うのでしょうか。そう，if it had not been for ...「（過去に）…がなかったら」という仮定法過去完了の形です。例文を使って確認しておきましょう。下線部はHad it not been forのようにifを省略した形にもできます。

　〔例〕**If it had not been for** that strong coffee, I would have fallen asleep during class.

　　　（あの濃いコーヒーがなかったら，私は授業中眠ってしまっていただろう）

☑「…がなければ」「…がなかったら」を表すその他の表現

　前置詞のwithoutやbut forも，「…がなければ」や「（過去に）…がなかったら」の意味を表します。これらはifを使う表現とは異なり，直後に名詞を置くだけで使えるため便利です。

　〔例〕**Without** water, we couldn't survive. ≒ **But for** water, we couldn't survive. （水がなければ私たちは生き延びられないだろう）

Check! 次の文の空所には，①と②のどちらを入れるのが適切ですか。
_____ my smartphone, I might have got lost.
① If it had not been for　　② If it had not been

040

I wish I could talk with my dog.

飼い犬と話ができたらなあ。

POINT　願望を表すI wish S V ...の表現

☑〈I wish ＋仮定法過去〉

　この文では，I wish (that) S V ...「…だったらなあ」という表現が使われています。また，助動詞canの過去形couldが使われていることからもわかるように，I wish (that) 以降には仮定法過去の形が使われています。仮定法過去の基本形で「現在・未来のこと」についての仮定を表したように（p.42参照），〈I wish ＋仮定法過去〉の形では，「現在・未来のこと」についての願望を表します。

☑〈I wish ＋仮定法過去完了〉

　これに対して，「過去のこと」についての願望を表す場合（願っているのが現在で，それより前のことについての願望を表す場合）には，〈I wish ＋仮定法過去完了〉の形を使います。「…できていたらなあ」という願望はcould have *done* の形を用い，「…していたらなあ」という願望はhad *done* の形を用いて表します。

〔例〕I wish I <u>could have gone</u> to the concert with you all.
　　（みんなでコンサートに行けていたらなあ）

〔例〕I wish I <u>had had</u> a map then.　（あのとき地図を持っていたらなあ）

☑ It is time S V（過去形）

　次の例文は，It is time S V（過去形）で「もう…してもいい頃だ」という意味を表しています。これは，実際にはまだしていないことについての仮定の話です。

〔例〕It is time we started the party.
　　（そろそろパーティーを始める時間だ）

Check!　次の文の空所には，①と②のどちらを入れるのが適切ですか。
I wish I _____ go to space.
① can　　② could

041

Traveling to new countries is a great experience.

新しい国へ旅をすることは,すばらしい体験だ。

POINT 動詞に-ingをつけた動名詞は,SやCやOとして用いられる

☑ 動名詞句をSとして用いる場合

この文では,Traveling to new countries がS,is がV,a great experience がC です。Traveling to new countries (新しい国へ旅をすること) は,travel to new countries (新しい国へ旅をする) の travel に -ing をつけてカタマリにしたもので,**動名詞句**と呼ばれます。**動名詞句全体の品詞は「名詞」として扱われる**ので,この文のように**Sとして用いる**ことができます。

☑ 動名詞句をCとして用いる場合

動名詞句全体の品詞は名詞なので,**Cとして用いられる**こともあります。

〔例〕 My hobby is <u>traveling to new countries</u>.
　　　(私の趣味は新しい国へ旅をすることだ)

☑ 動名詞句をOとして用いる場合

動名詞句全体の品詞は名詞なので,**Oとして用いられる**こともあります。

〔例〕 I enjoy <u>traveling to new countries</u>.
　　　(私は新しい国へ旅をすることを楽しむ)

動名詞句全体の品詞は名詞なので,**前置詞の後ろに置く**こともあります。

〔例〕 I am interested in <u>traveling to new countries</u>.
　　　(私は新しい国へ旅をすることに関心を持っている)

Check! 次の文の空所には,①と②のどちらを入れるのが適切ですか。
_____ cards with friends is fun.
① Play　　② Playing

042

Sam is proud of his son being on the soccer team.

サムは,息子がそのサッカーチームの一員であることを誇りに思っている。

☑ 動名詞の意味上の主語

　この文では,前置詞ofの後ろに動名詞句 being on the soccer team（そのサッカーチームの一員であること）があります。ofの直後のhis son は,この動名詞句の主語のはたらきをしていて,**動名詞の意味上の主語**と呼ばれます。

☑ 意味上の主語を置かない場合と意味上の主語の表し方

　動名詞は動詞に -ing をつけたものであり,その動作を行う主語が必ず存在するはずです。しかし,**「主語がわかりきっている場合」**や**「文のSと一致する場合」**には置きません。次の例文を見てください。

　[例] Sam is proud of being on the soccer team.
　　　（サムはそのサッカーチームの一員であることを誇りに思っている）

　この文では,文のSはSam（サム）で,チームの一員であるのもSamです。一方,**042**の例文の場合,文のSはSamですが,チームの一員であるのはhis son（彼の息子）です。このように,**動名詞の意味上の主語が文の主語と異なる場合,動名詞の前に意味上の主語を置きます。**

☑ 意味上の主語が代名詞の場合

　動名詞の意味上の主語が代名詞の場合は,所有格か目的格が用いられます。

　[例] I insisted on his [him] joining us for dinner.
　　　（私は,彼が私たちと一緒に夕食を食べるべきだと主張した）

Check! 次の文の空所には,①と②のどちらを入れるのが適切ですか。
This is my daughter. I'm proud of _____ studying hard.
① she　　② her

043

Karen regrets not having breakfast this morning.

カレンは今朝,朝食を食べなかった
ことを後悔している。

POINT 　動名詞句の否定は, not *doing* の形で表す

☑ 動名詞句の否定の表し方

この文では, notの直後に having breakfast this morning という動名詞句があり, regret *doing*「…したことを後悔する」という表現が用いられています。このように, **動名詞句の否定は, 否定語notやneverを動名詞句の前に置いて表します。**

☑ 動名詞句 being ... の否定は語順に注意

同様に, be動詞を使った動名詞句 being ... の否定は, 次のように not being ... の形で表します。

〔例〕I'm afraid of <u>not being</u> able to remember my speech.
(私は, 自分のスピーチを覚えられないことを恐れている)

通常, be動詞とnotが入った文を作るときはI'm not ...のように書くことから, I'm afraid of <u>being not</u> able to remember my speech. のような誤った語順にしてしまうミスが多いため, 注意が必要です。

☑ 意味上の主語が置かれている場合の語順

動名詞句の意味上の主語が置かれない場合もありますが (p.51参照), **意味上の主語を置く場合, 否定語はその後ろに置きます。**

〔例〕I'm afraid of his [him] <u>not being</u> available when I need him.
(私は, 彼を必要としているときに, 彼が会えないことを恐れている)

Check! 次の文の空所には,①と②のどちらを入れるのが適切ですか。
I like him _____ at home on weekend.
① not being 　② being not

044

Paul is proud of having been on the team when he was young.

ポールは若い頃,そのチームのメンバーだったことを誇りに思っている。

POINT 文の動詞が表す時よりも「前のこと」を表す,
完了動名詞having *done*

☑ 完了動名詞having *done*

　この文では, having been on the team when he was young という動名詞句が使われています。これはhave been on the team when he was young という現在完了の形に -ing をつけたものです。**having *done* の形は完了動名詞と呼ばれ, 文の動詞が表す時よりも「前のこと」を表すときに使います。** この文では, 文の動詞isが現在形であることから,「誇りに思っている」のは現在のことだとわかります。一方,「そのチームのメンバーだった」のは現在より「前のこと」です。

☑ 動名詞が表す「時」

　そもそも, 動名詞が表す「時」は, どう判断するのでしょうか。次の例文を見てください。この文でbeing on the teamは, 現在のことだと判断できます。それは, **文の動詞の時制**が現在形 (isが現在形) であるため, 動名詞句が表す「時」も現在のことだと考えるのが自然だからです。

　[例] Paul is proud of being on the team.
　　　（ポールはそのチームのメンバーであることを誇りに思っている）

☑ 完了動名詞の否定の表し方

　完了動名詞の否定は, 否定語notやneverを完了動名詞having *done* の前に置いて表します。

　[例] Paul is proud of never having been injured in his playing career.
　　　（ポールは選手時代, 一度もけがをしなかったことを誇りに思っている）

Check! 次の文の空所には,①と②のどちらを入れるのが適切ですか。
Paul is proud of his son ＿＿＿＿ the exam last month.
① passing　② having passed

045

Reindeer are used to living in the cold climate.

トナカイは寒い気候で暮らすのに慣れている。

POINT　動名詞を用いた重要表現——
be used to *doing*「…するのに慣れている」など

☑ 動名詞の慣用表現に注意

　この文では，living in the cold climate という動名詞句が使われています。**動名詞句は「名詞」として扱われますから，前置詞 to の後ろに置くことができます。**英作文では間違って to live としてしまう人が多いため，注意が必要です。

☑ to *doing* の形になるその他の慣用表現

　to *doing* の形をとる慣用表現はほかにもあります。重要なものをリストにしました。**どの to も前置詞なので，後ろには動名詞句が来る**と覚えておきましょう。

▶ be accustomed to *doing*	「…するのに慣れている」
▶ be opposed to *doing*	「…することに反対する」
▶ devote ～ to *doing*	「…することに～を捧げる」
▶ object to *doing*	「…することに反対する」
▶ What do you say to *doing*?	「…してはどうですか」
▶ with a view to *doing*	「…することを目的として」

☑ to の後ろには「ふつうの名詞」も来る

　動名詞の慣用表現というと，動名詞しか使えないと勘違いする人も少なくありません。しかし，動名詞の位置には「ふつうの名詞」を置くこともできます。例えば，次のような文も正しい形です。

　〔例〕Reindeer are used to the cold climate.
　　　（トナカイは寒い気候に慣れている）

Check!　次の文の空所には，①と②のどちらを入れるのが適切ですか。
I'm used to _____ mountains.
① climbing　② climb

046

To travel is to broaden your horizons.

旅をすることは視野を広げることだ。

to不定詞の名詞用法「…すること」は, 文のSやCやOとして用いられる

☑ to不定詞の名詞用法

この文では, To travelがS, isがV, to broaden your horizonsがCです。この To travelやto broadenのように, 動詞の前にtoをつけたものを **to不定詞** と呼びます。これらのto不定詞はどちらも名詞用法であり, To travelは「旅をすること」, to broaden your horizonsは「あなたの視野を広げること」という意味です。いずれも名詞句で, それぞれSとCとして使われています。このように, **to不定詞句は「…すること」という意味の名詞句として用いることができます。**

☑ to不定詞をOとして用いる場合

名詞用法のto不定詞は, **Oとして用いる** こともできます。

[例] **Emily started to study Italian.** （エミリーはイタリア語を勉強し始めた）

ただし, Emily is interested in ×to study Italian.のように, 前置詞の後ろにto不定詞を置くことはできません。

☑ 形式主語構文

to不定詞句は名詞句としてSになりますが, to不定詞句をSにする文はそれほど頻繁には使われません。むしろ形式主語itで文を始め, to不定詞句は文の後ろのほうに移動させる **形式主語構文** がよく使われます（p.58参照）。

[例] **It is fun to see fireworks in summer.** （夏に花火を見るのは楽しい）

Check! 次の文の空所には, ①と②のどちらを入れるのが適切ですか。

My dream is _____ an artist.

① to become　② become

047

Jane always has a lot of work to do.

ジェーンはいつも,
やるべき仕事をたくさん抱えている。

POINT to不定詞の形容詞用法「…する」「…するための」「…するべき」
は,名詞を修飾する

☑ to不定詞の形容詞用法

この文では,a lot of work to do が O であり,to不定詞 to do が a lot of work を修飾しています。このように,**to不定詞句は「…する」「…するための」「…するべき」という意味の形容詞句として用いることができます。**

☑ VO の関係が成り立つ場合

047 の例文は,to不定詞である to do の目的語が欠けた形になっています。to不定詞句（to do）と名詞（work）の間に VO の関係が成立している場合,つまり,to do に修飾されている work が to不定詞句の目的語のはたらきをしている場合,to do の後ろに目的語は書かれません。

☑ SV の関係やイコールの関係が成り立つ場合

名詞と to不定詞句の間に①**SV の関係**や②**イコールの関係（同格関係）**が成り立つものもあります。①の文では someone（ある人,誰か）が to go there（そこに行く）という SV の関係が成立し,②の文では time（時間）の内容を to rest（休憩する）で説明するというイコールの関係が成立しています。

① I'm looking for <u>someone</u> to go there.
（私はそこに行く人を探している）

② I need <u>time</u> to rest.
（私には休憩する時間が必要だ）

Check!
次の文の空所には,①と②のどちらを入れるのが適切ですか。
I want something ＿＿＿＿＿ on my way to school.
① to listen to　　② to listen

048

To study abroad, Pat worked part-time and earned money.

留学するために,
パットはアルバイトをしてお金を稼いだ。

POINT to不定詞の副詞用法「…するために」「…し,（そして）〜する」
「…して」は,主に動詞を修飾する

☑ to不定詞の副詞用法

　この文では,to不定詞句 To study abroad（留学するために）が,Vである worked や earned を修飾しています。このように,**to不定詞句は「…するために」**という,「目的」の意味を表す副詞句として用いることができます。また,副詞用法のto不定詞句は「副詞」句ですから,文頭に限らず文のどこにでも置くことができます。

☑「結果」の意味を表す場合

　to不定詞の副詞用法には,次のような文もあります。

　〔例〕Olivia returned home to find her children asleep.

　　　（オリビアは帰宅し,子どもたちが眠っているのに気づいた）

　この文は,「目的」の意味で訳すと「オリビアは,子どもたちが眠っているのに気づくために帰宅した」となり,不自然ですね。そのような場合は,**「結果」の意味**だと考え,文の前のほうから順に,「**…し,（そして）〜した**」と訳します。

☑「感情の原因・理由」の意味を表す場合

　to不定詞の副詞用法をもう1つ見ておきましょう。次の例文は,**「感情の原因・理由」**の意味を表しています。「**…して**」のように訳しましょう。

　〔例〕Pat was happy to meet Olivia.

　　　（パットはオリビアと会えて嬉しかった）

Check! 次の文の空所には,①と②のどちらを入れるのが適切ですか。

You need to study hard _____ a high score.

① to get　　② get

049 It is easy to write an essay.

エッセーを書くことは簡単だ。

POINT **It is ... for A to do で「Aが〜するのは…だ」を表す，形式主語構文**

☑ to 不定詞を用いた形式主語構文

この文は It が S，is が V，easy が C です。また，主語の It が指しているのは to write an essay（エッセーを書くこと）という名詞用法の to 不定詞句です。これは To write an essay is easy. という文の to 不定詞句 To write an essay を It に置き換え，文の後ろのほうに回したものです。このとき，形式的に置く S の **It は形式主語**と呼ばれ，後ろに回した **to 不定詞句は真主語**と呼ばれます。

[to 不定詞の名詞用法が主語の文] To write an essay is easy.

[to 不定詞を用いた形式主語構文]　　　　　　　↘ It is easy to write an essay.

英語では S が長くなるのを避け，形式主語構文を用いる傾向にあります。

☑ to 不定詞の意味上の主語の表し方

to 不定詞を用いた形式主語構文では，to 不定詞の意味上の主語を置くこともあります。その場合は，〈for ＋意味上の主語〉を to 不定詞句の前に置きます。

［例］It is easy for me to write an essay.

（私がエッセーを書くことは簡単だ）

☑ to 不定詞の否定の表し方

to 不定詞の否定は，**to 不定詞句の前に not を置く**ことで表します。

［例］It is difficult for me not to eat snacks.

（私がスナック菓子を食べないことは難しい）

Check! 次の文の空所には，①と②のどちらを入れるのが適切ですか。

It is refreshing ＿＿＿＿ my dog in the woods.

① to walk　　② walk

050

Rebecca is said to have been rich 10 years ago.

レベッカは,
10年前はお金持ちだったと言われている。

POINT 文の動詞が表す時よりも「前のこと」を表す,
完了不定詞to have *done*

☑ 完了不定詞to have *done*

この文では, S is said to *do*「Sは…すると言われている」という形が使われています。また, to *do*の部分にはto have been rich 10 years agoという表現が用いられています。**to have *done*の形は完了不定詞と呼ばれ, 文の動詞が表す時よりも「前のこと」を表すときに使います。**

☑ to不定詞が表す「時」

to不定詞が表す「時」は**文の動詞の時制**などから判断します。

〔例〕Rebecca is said to be rich. (レベッカはお金持ちだと言われている)

この例文は, 文の動詞is saidが現在形であることからto be richの部分は現在のことだと判断できます。**050**の例文では「過去」にお金持ちだったと「現在」言われているのに対して,「現在」お金持ちだと「現在」言われています。

☑ It is said that S V ... での書き換え

これらの例文は, It is said that S V ...「SがVすると言われている」という表現を用いて書き換えることができます。①の例文では文の動詞is saidが現在のことを表しており, that節内の動詞wasが過去のことを表しているため, 両者の間に「時のズレ」があることを確認しておきましょう。

① It is said that Rebecca was rich 10 years ago.
② It is said that Rebecca is rich.

Check! 次の文の空所には,①と②のどちらを入れるのが適切ですか。

That author is said _____ college in 2000.

① to quit　② to have quit

051 The car is easy to drive.

その車は運転しやすい。

☑ タフ構文

　この文では，The car が S，is が V，easy to drive が C です。to drive は easy を修飾し，easy to drive で「運転するのが簡単だ」という意味になっています。また，ここでの drive は他動詞として使われているため，to drive の後ろは**目的語が欠けた形**になっています。別の言い方をすると，**Sの The car が to drive の目的語を兼ねる構造**になっています。このような文を**タフ構文**と呼びます。

☑ 形式主語構文との関係

　タフ構文は形式主語構文で表すこともできます。タフ構文である **051** の例文は，形式主語構文における to drive の目的語である the car を主語の位置に移動させた文であると考えることができます。

　〔形式主語構文〕 It is easy to drive the car.
　〔タフ構文〕　　 The car is easy to drive.

☑ タフ構文で用いられる主な形容詞

タフ構文を作れる形容詞は限られています。主なものを確認しておきましょう。

難易	▶easy「易しい」　▶difficult / hard / tough「難しい」
快・不快	▶comfortable「快適な」　▶uncomfortable「不快な」
危険・安全	▶dangerous「危険な」　▶safe「安全な」
不可能	▶impossible「不可能な」

Check!
次の文の空所には，①と②のどちらを入れるのが適切ですか。
This room is comfortable _____.
① to stay　　② to stay in

052

Some Korean foods are too hot for me to eat.

一部の韓国料理はとても辛いので，
私には食べられない。

POINT | **to不定詞を用いた重要表現——**
too ... for A to _do_「…すぎてAは〜できない」など

☑ too ... for A to _do_ の文

　この文では，Some Korean foods が S，are が V，too hot for me to eat が C です。**too ... for A to _do_** で「…すぎてAは〜できない，Aが〜するには…すぎる」という意味になります。for A は to 不定詞句の意味上の主語を表していますが，意味上の主語が明らかな場合などには書かれないこともあります。

☑ so ... that S V 〜 を用いた書き換え

　052 の例文は so ... that S V 〜「とても…なので〜」の表現を用いて書き換えることができます。too ... for A to _do_ という表現には否定の意味が含まれているので，この「食べられない」という否定の意味を表すために not を使っています。

［例］Some Korean foods are so hot that I can't eat them.
　　　（一部の韓国料理はとても辛いので，私はそれらを食べることができない）

☑ ... enough for A to _do_ の文

［例］Tina spoke slowly enough for the children to understand her.
　　　（ティナは子どもたちが理解できるくらいゆっくりと話した）

　この文は，**形容詞［副詞］... enough for A to _do_** で「Aが〜するくらい（十分に）…」という意味を表しています。enough は形容詞［副詞］...の後ろに置くという語順に注意しましょう。

Check! 次の文の空所には，①と②のどちらを入れるのが適切ですか。
The book was _____ difficult for them to read.
① too　② so

053 Look at the leopard sleeping in the tree.

木の上で眠っているヒョウを見てごらん。

POINT **分詞は形容詞としてはたらき，名詞を修飾する**

☑ 分詞の形容詞用法（名詞を修飾する場合）

　分詞は動詞が形を変えたもので，**現在分詞（-ing）と過去分詞（-edなど）**に分かれます。また，現在分詞や過去分詞のカタマリを**分詞句**と言います。この文では，sleeping in the tree（木の上で眠っている）という現在分詞句が**形容詞のはたらき**をし，直前の名詞the leopard（ヒョウ）を修飾しています。

☑ 名詞と分詞の間に能動関係がある場合

　053の例文のthe leopard と sleeping in the treeの間には，「ヒョウ」が「木の上で眠っている」という**能動の関係**があります。このように，修飾される名詞と修飾する分詞（句）の間には**主語・述語の関係**があり，主語と述語の関係が**能動関係であるとき**は，現在分詞「…している，…する」を用います。これは分詞（句）が名詞を前から修飾するときも同じです。

　〔例〕**The leopard looked like a sleeping kitten.** ＊「子猫」が「眠っている」
　　　　（そのヒョウは眠っている子猫のように見えた）　　　　　　　という能動関係

☑ 名詞と分詞の間に受動関係がある場合

　一方，修飾される名詞と修飾する分詞（句）の間に**受動関係があるとき**は，**過去分詞「…されている，…される」**を用います。次の例文では，名詞the letterが過去分詞句written in Englishによって修飾されています。

　〔例〕**He read the letter written in English.** ＊「手紙」が「英語で書かれる」
　　　　（彼は英語で書かれた手紙を読んだ）　　　　　　　　　　という受動関係

Check! 次の文の空所には，①と②のどちらを入れるのが適切ですか。
Swahili is a language _____ in various countries and areas.
① speaking　② spoken

Kent kept his girlfriend waiting for half an hour.

ケントはガールフレンドを30分待たせたままにした。

POINT　分詞は形容詞としてはたらき，補語になる

分詞の形容詞用法（補語になる場合）

　この文では，KentがS，keptがV，his girlfriendがO，分詞句waiting for half an hourがCです。このような**第5文型SVOCの文では，OとCの間に主語・述語の関係**があります。この文では，OとCの間に「ガールフレンド」が「待っている」という能動関係があるので現在分詞のwaitingを用いていますが，受動関係がある場合は過去分詞を用います。

　〔例〕**Kent kept the door closed.**（ケントはドアを閉められたままにした）

第2文型SVCの場合

　第2文型SVCの文では，SとCの間に主語・述語の関係があります。次の文では，SとCの間に「ショーンの同僚」が「見続ける」という能動関係があるため，現在分詞を用いています。

　〔例〕**Sean's colleague kept staring at his computer screen.**
　　　　（ショーンの同僚はコンピューターのスクリーンを見続けた）

付帯状況のwith

　付帯状況のwithと呼ばれる**with O C「OがCの状態で」という表現**においても，**OとCの間に主語・述語の関係**があります。次の文では，OとCの間に「（彼の）腕」が「組まれる」という受動関係があるため，過去分詞を用いています。

　〔例〕**Sean's colleague was waiting with his arms crossed.**
　　　　（ショーンの同僚は腕を組んで待っていた）

Check!　次の文の空所には，①と②のどちらを入れるのが適切ですか。
George kept the window _____.
① closing　② closed

055 Studying very hard, Miki is becoming fluent in English.

一生懸命勉強しているので,
ミキは英語が流ちょうになってきている。

POINT 分詞構文では, 現在分詞 (句) が副詞のはたらきをする

☑ 分詞の副詞用法 (現在分詞を用いた分詞構文)

　この文では, 分詞句 Studying very hard が文頭に置かれ, コンマ以降の部分を修飾する**副詞のはたらき**をしています (副詞用法)。このような分詞の用法を**分詞構文**と呼びます。分詞構文では分詞句の主語は原則として文の主語と一致します。文の主語 Miki が分詞句の主語と一致していることを確認しておきましょう。「ミキ」が「勉強している」という能動関係にあるため, 現在分詞を用いています。

☑ 分詞句の置かれる位置

　分詞構文で用いられているのは分詞の副詞用法です。副詞は文のどこに置くこともできるため, **分詞構文の分詞句は文頭のほか, 文中や文末にも現れます。**

[文中に置かれた例] Miki, getting up early, has time to study.
　　　　　　　　（ミキは早く起きるので, 勉強する時間がある）

[文末に置かれた例] Miki was walking proudly, waving her hand.
　　　　　　　　（ミキは手を振りながら誇らしげに歩いていた）

☑ 現在分詞を用いた分詞構文の意味

　分詞構文の分詞句の部分は, さまざまな意味になります。基本的には, 文脈から判断する必要がありますが, 文頭・文中では①と②と⑤, 文末では③と④の意味になりやすいことを押さえましょう。

①「…するので」　②「…するときに」　③「…しながら」
④「(〜し, そして)…する」　⑤「…するならば」　⑥「…するが」

Check! 次の文の空所には, ①と②のどちらを入れるのが適切ですか。
　　＿＿＿＿ home early, I always arrive at Tokyo Station in time.
　　① Leave　　② Leaving

056

Written in simple English, the sign is easy to read.

易しい英語で書かれているので，
その看板は読みやすい。

NO PARKING

POINT 分詞構文では，過去分詞（句）が副詞のはたらきをする

☑ 分詞の副詞用法（過去分詞を用いた分詞構文）

この文では，分詞句 Written in simple English が文頭に置かれ，コンマ以降の部分を修飾する副詞のはたらきをしています（副詞用法）。このような文を分詞構文と呼ぶのでした（p.64参照）。文の主語である the sign が，分詞句 Written in simple English の主語と一致していることも確認しておきましょう。「看板」が「書かれる」という受動関係にあるため，過去分詞を用いています。

☑ 分詞句の置かれる位置

過去分詞句を用いた分詞構文も，**文頭や文中，文末に現れます**。

［文中に置かれた例］The sign, damaged by the storm, needs repair.
（嵐で損傷したその看板は，修理が必要だ）

［文末に置かれた例］The sign is easy to read, printed in large letters.
（大きな文字で印字されているので，その看板は読みやすい）

☑ 過去分詞を用いた分詞構文の意味

分詞構文の分詞句の部分は，さまざまな意味になります。過去分詞を用いた場合も，現在分詞を用いた場合と同様に，意味は基本的に文脈から判断する必要があります。現在分詞を用いた分詞構文とは異なり，全体的に「…される」「…されている」という受け身の意味を含む点に注意しましょう。

①「…されるので」　②「…されるときに」　③「…されながら」
④「（〜し，そして）…される」　⑤「…されるならば」　⑥「…されるが」

Check! 次の文の空所には，①と②のどちらを入れるのが適切ですか。
_____ from a distance, the island looks like a horse.
① Seeing　② Seen

057

It being Sunday, the shops are closed.

日曜日なので,お店は閉まっている。

POINT 独立分詞構文では, 分詞句の主語は分詞句の前に置く

☑ 独立分詞構文の仕組み

この文では, the shops が S, are が V, closed が C です。It being Sunday (日曜日なので) の部分が副詞のはたらきをしている**分詞構文**ですが, これまで見てきた分詞構文とは異なり, being Sunday の前に It という分詞句の主語が置かれています。このように文の主語と分詞句の主語が異なる分詞構文のことを**独立分詞構文**と言います。

☑ 現在分詞を用いた独立分詞構文

分詞句の主語と分詞句の間に**能動関係があるときは, 現在分詞**を用います。

〔例〕**Thirty people joined the party, some of them leaving halfway through.** (30人がパーティーに参加し, そのうちの何人かは途中で帰った)

この文では, some of them と leaving halfway through の間に「そのうちの何人か」が「途中で帰る」という能動関係があります。

☑ 過去分詞を用いた独立分詞構文

分詞句の主語と分詞句の間に**受動関係があるときは, 過去分詞**を用います。

〔例〕**The book written in simple English, I understood it.**
(その本は簡単な英語で書かれていたので, 私はそれを理解した)

この文では, The book と written in simple English の間に「その本」が「簡単な英語で書かれる」という受動関係があります。

Check! 次の文の空所には,①と②のどちらを入れるのが適切ですか。
The e-mail _____ in haste, several errors were found in it.
① writing   ② written

058

Having walked all day, Judy was very tired.

1日中歩いたので、ジュディはとても疲れていた。

POINT 文の動詞が表す時よりも「前のこと」を表す、完了分詞having *done*

☑ 完了分詞having *done*

この文は、分詞句 Having walked all day が文頭に置かれた分詞構文です。Walking all day ではなく、**having *done* の形**が使われているのは、**文の動詞が表す時よりも「前のこと」を表す**ためです。この文では、文の動詞wasが過去形であることから、「疲れていた」のは過去のことだとわかりますが、「歩いた」のは、それよりもさらに「前のこと」だとわかります。このようなhaving *done* の形の分詞を**完了分詞**と呼びます。

☑ 否定の分詞構文

分詞構文の否定は、**分詞句の前に否定語notやneverを置く**ことで表します。

〔例〕 Not knowing where to go, Judy went to the information center.
（どこに行ったらいいかわからなかったので、ジュディはインフォメーションセンターに行った）

☑ 否定の独立分詞構文

独立分詞構文で否定の意味を表したい場合も、分詞句の前にnotやneverを置きます。

〔例〕 Judy not knowing what to do, the staff gave her some advice.
（ジュディは何をしたらいいかわからなかったので、スタッフがアドバイスをした）

Check! 次の文の空所には、①と②のどちらを入れるのが適切ですか。
_____ how to play the piano, I took the course.
① Not knowing　② Knowing not

059

All things considered, Laura should turn down the offer.

すべての事柄を考慮すると,
ローラはその申し出を断るべきだ。

POINT 分詞を用いた重要表現——
all things considered「すべての事柄を考慮すると」など

☑ all things considered

　この文は, 分詞句 All things considered が文頭に置かれた分詞構文です。All things が過去分詞 considered の主語としてのはたらきをしており, **「すべての事柄」が「考慮される」という受動関係**が成り立っています。これは「すべての事柄を考慮すると」という意味の慣用表現です。

☑ judging from ...

　judging from ...「…から判断すると」も, 分詞を用いた重要表現です。

〔例〕Judging from the look of the sky, it's going to rain.
　　　（空模様から判断すると, 雨が降りそうだ）

☑ -ly speaking

　-ly speaking「…に言うと」も長文などでよく使われる表現です。generally speaking「一般的に言うと」, broadly speaking「大ざっぱに言うと」, strictly speaking「厳密に言うと」など, 副詞によってさまざまなバリエーションがあります。

〔例〕Generally speaking, Japan has a lot of nature.
　　　（一般的に言うと, 日本にはたくさんの自然がある）

Check! 次の文の空所には, ①と②のどちらを入れるのが適切ですか。
All things _____, the concert was successful.
① to consider　　② considered

060

The mother made her son wash the dishes.

母親は息子に皿を洗わせた。

POINT 使役動詞makeは，make O *do*の形で「Oに（強制的に）…させる」の意味を表す

☑ 使役動詞 make

この文では，make O *do*「Oに（強制的に）…させる」の形が使われています。このように「…させる」という意味をもつ動詞を**使役動詞**と呼びます。make O *do* は，基本的に**強制的に何かをさせる**ときに使いますが，物や事が主語の場合は強制の意味を持たないこともあります。

〔例〕 John's stories always make his mother laugh.
（ジョンの話はいつも母親を笑わせる）

☑ make O *do* の仕組み

make O *do*は，Oと*do*の間に**「Oが…する」という能動関係**があります。「Oが…する」状態をmake「作り出す」というのが，この表現の基本的な意味です。一方，make O *done*で「Oが…される」状態をmake「作り出す」という意味を表すこともできます。次の例文では，「彼自身」が「理解される」という受動関係が成立しています。

〔例〕 John made himself understood.
（ジョンは自分の考えを理解してもらえた）

☑ make O *do* の受動態

make O *do*の受動態は，次のように **be made to *do*** の形で表します。

〔例〕 John was made to wash the dishes by his mother.
（ジョンは母親によって皿洗いをさせられた）

Check! 次の文の空所には，①と②のどちらを入れるのが適切ですか。
The mother made her son _____ the room.
① to clean　　② clean

061

Chris let her dog run in the park.

クリスは犬を公園で走らせた。

POINT 使役動詞letは，let O *do*の形で「Oに（自由に）…させる」の意味を表す

☑ 使役動詞 let

この文では，let O *do*「Oに（自由に）…させる」の形が使われています。使役動詞makeが基本的に強制の意味合いをもつのに対して，使役動詞letは，**自由に何かをさせる（許容する）**ときに使います。この例文は，犬が走りたがっていたところを，クリスが公園で自由に走らせてあげたようなイメージです。

☑ let O *do* の仕組み

let O *do*は，Oと*do*の間に**「Oが…する」という能動関係**があります。**「Oが…する」状態をlet「許す」**というのが，この表現の基本的な意味です。一方，let O be *done*で「Oが…される」状態をlet「許す」という意味を表すこともできます。次の例文では，「彼女のスケートボード」が「さらされる」という受動関係が成立しています。

［例］She let her skateboard be exposed to wind and rain.
（彼女はスケートボードを雨風にさらされるままにした）

☑ let O *do* の受動態はない

let O *do*の形は，ふつう受動態にすることができません。もっとも，allow O to *do*「Oが…することを許す」の受動態である **be allowed to *do*** の形を用いて「…することが許される」という意味を表すことはできます。

［例］Chris's dog was allowed to run in the park.
（クリスの犬は公園で走ることが許された）

Check! 次の文の空所には，①と②のどちらを入れるのが適切ですか。

The guard let the guide dog ＿＿＿＿ the building.

① to enter ② enter ＊ guide dog「盲導犬」

062

We had the carpenter paint the wall.

私たちは大工さんに,壁にペンキを塗ってもらった。

POINT 使役動詞haveは, have O doの形で「Oに（依頼して）…させる, …してもらう」の意味を表す

☑ 使役動詞 have

この文では, have O do「Oに（依頼して）…させる, …してもらう」の形が使われています。have O do は, 上下関係があるときや業者に依頼するときなど, **依頼したらやってもらえる**関係性があるときに使います。

☑ have O do の仕組み

have O do は, O と do の間に「Oが…する」という能動関係があります。「Oが…する」状態を have「持つ」というのが, この表現の基本的な意味です。一方, have O done で「Oが…される」状態を have「持つ」という意味を表すこともできます。次の例文では, 「壁」が「塗られる」という受動関係が成立しています。

〔例〕 We had the wall painted by the carpenter.

（私たちは大工さんに, 壁にペンキを塗ってもらった）

☑ have O do の受動態はない

have O do の形は, let O do の場合と同じように, 受動態にすることができません。**使役動詞の中で受動態にできるのは make O do の形だけ**であると覚えておきましょう。

Check! 次の文の空所には,①と②のどちらを入れるのが適切ですか。
The carpenter had his apprentice ＿＿＿＿ water.
① to go and buy　　② go and buy　　＊apprentice「見習い」

063

Sandy had her bicycle repaired the other day.

サンディは先日,自転車を修理してもらった。

POINT　「依頼」「被害」「完了」の意味を表す, have O *done*の形

☑「依頼」の意味を表す have O *done*

この文では, her bicycle が O, repaired が C であり, **have O *done*** の形が使われています。have O *done* の形で, **「O を…させる, …してもらう」という「依頼」の意味**を表すことができます。ここでは,「自転車」が「修理される」という受動関係が成立していることを確認しておきましょう。

☑「被害」の意味を表す have O *done*

have O *done* の形は, **「O が…される」という「被害」の意味**を表すときにも使うことができます。ここでも,「自転車」が「盗まれる」という受動の関係が成り立っています。

〔例〕Sandy had her bicycle stolen the other day.
　　　（サンディは先日, 自転車を盗まれた）

☑「完了」の意味を表す have O *done*

have O *done* の形は, **「O を…してしまう」という「完了」の意味**を表すときにも使うことができます。ここでも,「宿題」が「終わらせられる」という受動の関係が成り立っています。

〔例〕Sandy had her homework finished by noon.
　　　（サンディは正午までに宿題を終わらせた）

Check!　次の文の空所には,①と②のどちらを入れるのが適切ですか。
Sandy had her iPhone _____.
① fix　　② fixed

064

Bill saw a mouse go into the house.

ビルは, ネズミが家に入るのを見た。

POINT 知覚動詞seeは, see O doの形で「Oが…するのを見る」の意味を表す

☑ 知覚動詞see

　この文では, **see O do**「Oが…**するのを見る**」の形が使われています。このように, see「見る」, hear「聞く」, feel「感じる」のような, 人の知覚に関わる動詞を**知覚動詞**と呼びます。それでは, 次の例文を見てください。

〔例〕 Bill saw a mouse going into the house.

　　　（ビルは, ネズミが家に入るのを見た）

　この例文では, **see O doing**「Oが…**しているのを見る**」の形が使われています。see O do の形は, ネズミが家に入るまでの「一部始終」を見ているような場合に使いますが, see O doing の形は, ネズミが今まさに家に入ろうとしている「ワンシーン」を見ているような場合に使います。

☑ see O done の形

　see O done「Oが…**されるのを見る**」の形もあります。

〔例〕 Bill saw a mouse caught by a cat.

　　　（ビルは, ネズミがネコに捕まえられるのを見た）

☑ see O do の受動態

　see O do の受動態は, **be seen to do**「…**するのを見られる**」の形で表します。なお, 上記4つの形は, see以外の知覚動詞hearやfeelにも当てはまります。

〔例〕 The mouse was seen to go into the house.

　　　（ネズミは家に入るのを見られた）

Check! 次の文の空所には, ①と②のどちらを入れるのが適切ですか。

Bill saw a thief ＿＿＿＿＿ the room.

① enter　　② to enter

065

Misa is the woman who reads books to children.

ミサは子どもたちに
本の読み聞かせをしている女性だ。

POINT 　関係代名詞whoとwhichは、主語の代わりになる

☑ 関係代名詞whoのカタマリ

　この文では、MisaがS、isがV、the woman who reads books to childrenがC
であり、**関係代名詞whoが作るwho reads books to children（子どもたちに本
の読み聞かせをする）というカタマリが、名詞the womanを修飾**しています。
このとき、関係代名詞のカタマリに修飾される名詞を**先行詞**と呼びます。

☑ 主格の関係代名詞who

　関係代名詞を用いた文は、元々は2つの文を前提にしています。

　❶ Misa is the woman.　　❷ The woman reads books to children.

　2文目の主語The womanを関係代名詞whoに変えてwho reads books to
childrenというカタマリを作り、1文目のthe womanの直後に置くと、**065**の文
が出来上がります。このように、主語の代わりになる関係代名詞を**主格の関係代
名詞**と言います。**先行詞が「人」の場合、関係代名詞はwhoを使います。**

☑ 主格の関係代名詞which

　先行詞が「人以外」の場合、主格の関係代名詞はwhichを使います。

　〔例〕 The diary which is on the desk is hers.
　　　　（机の上にある日記は彼女のものだ）

　この文は、❶ The diary is hers. という文と❷ The diary is on the desk. という
文が前提になっています。2文目の主語The diaryを主格の関係代名詞whichに
変えて1文目のThe diaryの直後に置くと、1文にまとめることができます。

Check!　次の文の空所には、①と②のどちらを入れるのが適切ですか。
　Misa is the woman _____ waters the flowers every morning.
　① who　　② which

066

Len is a friend whom I have known for ten years.

レンは私の10年来の友人だ。

POINT 関係代名詞whom[who]とwhichは，目的語の代わりになる

☑ 関係代名詞whomのカタマリ

この文では，LenがS，isがV，a friend whom I have known for ten yearsがC であり，**関係代名詞whomが作る**whom I have known for ten years（私が10 年来知っている）というカタマリが，**名詞a friendを修飾**しています。

☑ 目的格の関係代名詞whom

関係代名詞を用いた文は，元々は2つの文を前提にしています。

❶ Len is a friend.　❷ I have known the friend for ten years.

2文目の目的語the friendを関係代名詞whomに変えて先頭に移動し，whom I have known for ten yearsというカタマリを作って1文目のa friendの直後に置く と，**066**の文が出来上がります。このように，目的語の代わりになる関係代名詞 を**目的格の関係代名詞**と言います。先行詞が「人」の場合，関係代名詞は whomやwhoを使います。

☑ 目的格の関係代名詞which

先行詞が「人以外」の場合，目的格の関係代名詞はwhichを使います。

［例］**The bag which you see over there is his.**

（あそこに見えるカバンは彼のものだ）

この文は，**❶ The bag is his.** という文と **❷ You see the bag over there.** という文 が前提になっています。2文目の目的語the bagを目的格の関係代名詞whichに変 えて先頭に出し1文目のThe bagの直後に置くと，1文にまとめることができます。

Check!
次の文の空所には，①と②のどちらを入れるのが適切ですか。
This is a problem _____ I have solved many times.
① whom　② which

067

This is the man whose younger brother is a pianist.

こちらは,弟がピアニストである男性です。

POINT 関係代名詞whoseは,所有格の代わりになる

☑ 関係代名詞whoseのカタマリ

この文では, ThisがS, isがV, the man whose younger brother is a pianist が Cであり, 関係代名詞whoseが作る whose younger brother is a pianist (弟が ピアニストである) というカタマリが, 名詞the manを修飾 しています。

☑ 所有格の関係代名詞whose

関係代名詞を用いた文は,元々は2つの文を前提にしています。

❶ This is the man.　❷ The man's younger brother is a pianist.

2文目にある, the man の所有格 The man's を関係代名詞whoseに変えて whose younger brother is a pianist というカタマリを作り, 1文目のthe manの 直後に置くと, **067**の文が出来上がります。このように,所有格の代わりになる 関係代名詞を**所有格の関係代名詞**と言います。

☑ 先行詞が「人以外」の場合

先行詞が「人」でも「人以外」でも,所有格の関係代名詞はwhose を使います。

〔例〕I always check words whose meaning I don't know.

　　(私はいつも,意味を知らない単語をチェックする)

この文は, ❶ I always check words. という文と ❷ I don't know the words' meaning. という文が前提になっています。2文目にある the words' を所有格の関 係代名詞whoseに変えて whose meaning ごと先頭に出し, 1文目のwordsの直 後に置くと1文にまとめることができます。

Check! 次の文の空所には,①と②のどちらを入れるのが適切ですか。

Dylan has a parrot _____ feathers are white.

① which　　② whose

068

This is the house in which my older sister lives.

これは,私の姉が住んでいる家だ。

POINT 〈前置詞＋関係代名詞〉の後ろは,完全な文が来る

✓〈前置詞＋関係代名詞〉in which のカタマリ

この文では, This がS, is がV, the house in which my older sister lives がCで
あり,〈前置詞＋関係代名詞〉in which が作る in which my older sister lives
(私の姉が住んでいる) というカタマリが, 名詞 the house を修飾しています。

✓〈前置詞＋関係代名詞〉in which

関係代名詞を用いた文は, 元々は2つの文を前提にしています。

❶ This is the house. ❷ My older sister lives in the house.

2文目にある, the house を関係代名詞 which に変えて in which ごと先頭に出
し, 1文目の the house の直後に置くと, **068** の例文が出来上がります。その結果,
in which という〈前置詞＋関係代名詞〉の後ろは, my older sister lives という,
名詞が欠けていない**完全な文が来る**ことになります。なお, 不完全な文とは「ある
べき名詞が欠けている」文のことで, Vが他動詞なのに後ろにOが欠けているよ
うな場合や, 前置詞の後ろにO(名詞)が欠けているような場合などを意味します。

✓前置詞を後ろに残す場合

前置詞を後ろに残して, which だけを前に出すこともできます。

〔例〕 This is the house which my older sister lives in.

このとき前置詞 in の後ろは名詞が欠けた形になっています。which の後ろが
my older sister lives in という**不完全な文**であることを確認しておきましょう。

Check! 次の文の空所には,①と②のどちらを入れるのが適切ですか。
This is the pen ＿＿＿＿ the president signed the document.
① in which ② with which

069

This is the hotel where the famous golf player is staying.

これは有名なゴルフ選手が宿泊しているホテルだ。

関係副詞whereの先行詞は,「場所」や「場合」を表す名詞

関係副詞whereのカタマリと先行詞

この文では，This が S，is が V，the hotel where the famous golf player is staying が C であり，**関係副詞where が作る** where the famous golf player is staying（有名なゴルフ選手が宿泊している）**というカタマリが，名詞 the hotel を修飾**しています。**関係副詞where の先行詞は，**place「場所」，city「街」，case「場合」といった，「場所」や「場合」などを表す名詞です。

関係副詞where

関係代名詞と同様，関係副詞を用いた文も元々は 2 つの文を前提にしています。

❶ This is the hotel.　❷ The famous golf player is staying there [at the hotel].

2 文目にある，副詞 there [at the hotel] を関係副詞where に変えて先頭に出し，1 文目の the hotel の直後に置くと，**069** の例文が出来上がります。その結果，**where という関係副詞の後ろは，**the famous golf player is staying という，名詞が欠けていない**完全な文が来る**ことになります。ちなみに，at the hotel を〈前置詞＋関係代名詞〉に変えて，次のような文を作ることもできます。

〔例〕This is the hotel at which the famous golf player is staying.

先行詞の省略

先行詞が the place の場合，先行詞を省略することがあります。

〔例〕The library is where you can read a lot of books.

（図書館はたくさんの本を読める場所だ）

Check! 次の文の空所には，①と②のどちらを入れるのが適切ですか。

California is the state ＿＿＿＿ the player was born.

① which　② where

070

Spring is the season when bears come out of long sleep.

春はクマが長い眠りから目覚める季節だ。

POINT 関係副詞whenの先行詞は、「時」を表す名詞

☑ 関係副詞whenのカタマリと先行詞

この文では、SpringがS、isがV、the season when bears come out of long sleepがCであり、**関係副詞whenが作る when bears come out of long sleep（クマが長い眠りから目覚める）というカタマリが、名詞the seasonを修飾し**ています。**関係副詞whenの先行詞は、time「時」、year「年」、day「日」など、「時」を表す名詞**です。

☑ 関係副詞when

関係副詞を用いた文は、元々は2つの文を前提にしています。

❶ Spring is the season.　❷ Bears come out of long sleep then [in the season].

2文目にある、副詞then [in the season] を関係副詞whenに変えて先頭に出し、1文目のthe seasonの直後に置くと、**070**の例文が出来上がります。その結果、**whenという関係副詞の後ろは**、bears come out of long sleepという、名詞が欠けていない**完全な文が来る**ことになります。ちなみに、in the seasonを〈前置詞＋関係代名詞〉に変えて、次のような文を作ることもできます。

〔例〕Spring is the season in which bears come out of long sleep.

☑ 先行詞や関係副詞の省略

先行詞がthe timeの場合、先行詞と関係副詞のどちらか一方を省略できます。

〔例〕Now is the time you should try hard.

〔例〕Now is when you should try hard. （今こそ頑張るべきときだ）

Check! 次の文の空所には、①と②のどちらを入れるのが適切ですか。
That was the year ＿＿＿＿＿ Rina graduated from high school.
① which　② when

071 The reason why the flight was delayed was heavy snow.

飛行機が遅れた理由は,大雪だった。

POINT 関係副詞whyの先行詞は,「理由」を表す名詞

関係副詞whyのカタマリと先行詞

この文では, The reason why the flight was delayed が S, 2つ目の was が V, heavy snow が C であり, 関係副詞 why が作る why the flight was delayed (飛行機が遅れた) というカタマリが, 名詞 the reason を修飾しています。関係副詞 why の先行詞は,「理由」を表す the reason です。

関係副詞why

関係副詞を用いた文は, 元々は2つの文を前提にしています。

❶ The reason was heavy snow.　❷ The flight was delayed for the reason.

2文目にある, 副詞 for the reason を関係副詞 why に変えて先頭に出し, 1文目の The reason の直後に置くと, **071** の例文が出来上がります。その結果, why という関係副詞の後ろは, the flight was delayed という, 名詞が欠けていない完全な文が来ることになります。ちなみに, for the reason を〈前置詞+関係代名詞〉に変えて, 次のような文を作ることもできます。

〔例〕 The reason for which the flight was delayed was heavy snow.

先行詞や関係副詞の省略

先行詞 the reason と関係副詞 why は, どちらか一方を省略できます。

〔例〕 This is the reason Yuki was late.

〔例〕 This is why Yuki was late.

（これが, ユキが遅れた理由だ［こういうわけで, ユキは遅れた]）

Check! 次の文の空所には,①と②のどちらを入れるのが適切ですか。

The reason ＿＿＿＿ we clean the apartment is to live comfortably.

① which　② why

072

Haruka showed us how she usually makes the soup.

ハルカは,いつもどのようにスープを作るのかを私たちに見せてくれた。

POINT 関係副詞howの後ろは,完全な文が来る

☑ 関係副詞howのカタマリ

この文では,HarukaがS,showedがV,us がO_1,how she usually makes the soupがO_2であり,**関係副詞how を使った** how she usually makes the soup(いつもどのようにスープを作るのか)**というカタマリ**が用いられています。

☑ 関係副詞how

関係副詞を用いた文は,元々は2つの文を前提にしています。

❶ Haruka showed us the way.　❷ She usually makes the soup in the way.

2文目にある,副詞in the way(そのやり方で)を関係副詞howに変えて先頭に出し,1文目のthe wayの直後に置きます。その後,the wayを省略することで,**072**の例文が出来上がります。その結果,**how という関係副詞の後ろは**,she usually makes the soupという,名詞が欠けていない**完全な文が来る**ことになります。〈前置詞＋関係代名詞〉を用いて,次のような文を作ることもできます。

〔例〕Haruka showed us the way in which she usually makes the soup.

☑ 関係副詞howの先行詞と省略

関係副詞howの先行詞は,「方法」を表すway です。ただし,　the way how という形で使うことはなく,**先行詞か関係副詞のどちらかを必ず省略**します。

〔例〕This is the way she does the job.

〔例〕This is how she does the job.

　　（これが,彼女の仕事のやり方だ[このようにして,彼女は仕事をする]）

Check! 次の文の空所には,①と②のどちらを入れるのが適切ですか。

The child learned _____ she should peel an apple.

① which　　② how

073 David has a daughter, who is a lawyer.

デイビッドには娘が1人いて,彼女は弁護士だ。

POINT 非制限用法の関係詞は,〈コンマ+関係詞〉の形

☑ 非制限用法の関係詞節

この文では, David が S, has が V, a daughter が C であり, **関係代名詞 who が作るwho is a lawyer というカタマリが, 名詞 a daughter を補足説明**しています。この文のように, コンマを関係詞の前に置く用法を**非制限用法**と言います。

☑ コンマがない場合との違い

それでは, コンマがない場合との違いはどこにあるのでしょうか。

〔例〕 David has two daughters <u>who are lawyers</u>.
（デイビッドには弁護士の娘が2人いる）

この文は, デイビッドに「弁護士ではない娘」がいる可能性があることを暗に示しています。つまり, 弁護士である2人の娘以外にも娘がいる可能性があるのです。一方, who の前にコンマをつけると, デイビッドの娘は弁護士をしている2人だけだとわかります。

☑ 非制限用法を必ず使う場合

「固有名詞」や「1人しかいない人, 1つしかないもの」を先行詞として, それを関係詞のカタマリで補足説明する場合には非制限用法を用います。

〔例〕 Lucy gave a present to her father, <u>who turned 50 yesterday</u>.
（ルーシーは, 昨日50歳になった父親にプレゼントを贈った）

この文は, コンマがないと, 「昨日50歳になった父親」のほかに「昨日50歳にならなかった父親」がいることを暗に意味していることになり, 不自然です。

Check! 次の文の空所には,①と②のどちらを入れるのが適切ですか。
Lucy visited Kyoto _____ is famous for historic buildings.
① , which ② which

074

The man who I thought was a friend turned out to be a stranger.

私が友人だと思っていたその男性は，
見知らぬ人だとわかった。

POINT that節を目的語にとる動詞は，連鎖関係詞節を作ることができる

☑ 連鎖関係代名詞節

　この文では，The man who I thought was a friend がS，turned out to be がV，a stranger がCであり，**関係代名詞 who が作る who I thought was a friend（私が友人だと思っていた）というカタマリが，名詞 The man を修飾**しています。このカタマリは**連鎖関係代名詞節**と呼ばれ，実は関係詞のカタマリの中に that 節が入り込んだ構造になっています。

☑ 連鎖関係代名詞節の仕組み

　連鎖関係代名詞節の仕組みは，元の2つの文を考えると理解しやすいでしょう。

　❶ The man turned out to be a stranger. ❷ I thought (that) the man was a friend.

　2文目の that 節内の主語 the man を主格の関係代名詞 who に変えて先頭に出し，1文目の The man の直後に置くと，**074**の文が出来上がります。

☑ 連鎖関係代名詞節を作れる動詞

　that 節を目的語にとる動詞であれば，連鎖関係代名詞節を作ることができます。think「思う」のほか，agree「同意する」，believe「信じる」，expect「期待する」などの動詞もこの形を作ることができます。

　〔例〕 **Do the thing which you believe is right.**
　　　（あなたが正しいと信じることをしなさい）

　〔例〕 **The woman who he expected would come didn't come.**
　　　（来るだろうと彼が期待していた女性は来なかった）

Check! 次の文の空所には，①と②のどちらを入れるのが適切ですか。

I met a man _____ everyone agreed was polite.

① whom　　② who

075

We couldn't understand what the teacher said in class.

私たちは,先生が授業で言ったことを
理解できなかった。

POINT 　関係代名詞whatは,「…すること,…するもの」という意味の
名詞のカタマリを作る

☑ 関係代名詞whatのカタマリ

　この文では,WeがS,couldn't understandがV,what the teacher said in classがOであり,**関係代名詞whatを使ったwhat the teacher said in class(先生が授業で言ったこと)というカタマリ**が用いられています。

☑ 関係代名詞whatの仕組み

　これまで見てきた関係代名詞の例文とは異なり,**075**の例文には先行詞がありません。これは,**what ...が「…すること,…するもの」という意味を表す**ためです。つまり,**what ≒ the thing which**で,**what自体に先行詞の意味が含まれている**ためです。なお,whatの後ろはwhat the teacher saidのように,あるべき名詞が欠けた不完全な文が来ることになります。

☑ 関係代名詞whatのカタマリは名詞節を作る

　関係代名詞whatのカタマリは**名詞のはたらき**をします。**075**の例文ではOとして使われていますが,名詞節ですからSやCとして用いることもできます。

[Sになる場合]　　　**What is important when studying is to review.**
　　　　　　　　　　（勉強で大事なのは復習をすることだ）

[Cになる場合]　　　**This is what I want.**
　　　　　　　　　　（これが私の欲しいものだ）

[前置詞のOになる場合]　**They talked about what they were thinking.**
　　　　　　　　　　（彼らは自分たちが考えていることについて話した）

Check!　次の文の空所には,①と②のどちらを入れるのが適切ですか。
The teacher knew _____ the students didn't understand.
① what　　② that what

076

Brian put what little money he had into the donation box.

ブライアンは,なけなしのお金を募金箱に入れた。

POINT

whatを用いた重要表現──
what (little / few) A ...「(少ないけれど)…なすべてのA」など

☑ what (little / few) A

この文では, what little money he had (なけなしのお金) という what のカタマリが使われています。what (little / few) A ... は「(少ないけれど)…なすべてのA」という意味の慣用表現で, Aには名詞が来ます。ここでは, money が不可算名詞であるため little を使っていますが, Aに可算名詞が来る場合は few を使います。

［例］He sold what few books he had.

(彼は少ないながら持っているすべての本を売った)

☑ A is to B what C is to D

A is to B what C is to D「AのBに対する関係は, CのDに対する関係と同じだ」も what を用いた重要表現です。

［例］Music is to the mind what food is to the body.

(音楽の心に対する関係は, 食べ物の身体に対する関係と同じだ)

この例文は,「音楽が心にとって栄養となること」は「食べ物が身体にとって栄養となること」と同じだということを表しています。

☑ 〈what is + 比較級〉

〈what is + 比較級〉「さらに…なことに」もよく使われる表現です。what is worse「さらに悪いことに」や what is more「さらに」などが代表的な使い方です。

［例］We got lost; what was worse, it began to rain.

(私たちは道に迷った。さらに悪いことに, 雨が降り始めた)

Check! 次の文の空所には,①と②のどちらを入れるのが適切ですか。

My grandmother gave me _____ little money she had.

① what   ② which

077

He is not what he used to be.

彼はかつての彼ではない。

whatを用いた重要表現——
what S used to be「かつてのS」など

✓ what S be

この文では，HeがS，isがVであり，whatを使ったwhat he used to be（かつての彼）というカタマリがCとして使われています。**what S used to be は「かつてのS」**という意味の慣用表現です。基本の形はwhat S beですから，what S is todayなら「今日のS」，what S was five years agoなら「5年前のS」という意味になります。

✓ what with A and B

<u>what with A and B「AやらBやらで」</u> もwhatを用いた重要表現です。

〔例〕 **What with hunger and cold, I got exhausted.**
（空腹や寒さやらで，私は疲れ果てた）

これは部分的な理由を述べる表現です。ほかにも理由はあるなかで，主な理由として空腹と寒さを挙げています。I got exhausted <u>partly because of hunger and cold.</u> と同様の意味を表します。

✓ what is called A

<u>what is called A「いわゆるA」</u>もよく使われる表現です。同じ意味でwhat we call Aという表現が使われることもあります。

〔例〕 **My mother is <u>what is called</u> a bookworm.**
〔例〕 **My mother is <u>what we call</u> a bookworm.**
（私の母はいわゆる本の虫だ）

Check! 次の文の空所には，①と②のどちらを入れるのが適切ですか。

The singer is no longer ＿＿＿＿ he was in his prime.

① what   ② which   *prime「全盛期」

078

The staff will give that ticket to whoever wants it.

スタッフは誰であれ欲しがっている人に
そのチケットを渡すだろう。

POINT　whoever ...は,「…な人は誰でも」「誰が…しようとも」の意味を表す

☑ 複合関係代名詞 whoever

　この文では，The staff が S，will give が V，that ticket が O であり，give O to A「O を A に与える」の A にあたる部分には，複合関係代名詞 whoever を使った whoever wants it（それが欲しい人は誰でも）というカタマリがあります。**複合関係代名詞とは，who, what, which などの関係代名詞に -ever がついたもの**です。なお，whoever の後ろは S が欠けた不完全な文になります。

☑ 名詞のカタマリ

　whoever のカタマリは，**名詞のカタマリ**としてはたらきます。**078** の例文では前置詞 to の O として使われていますが，whoever は名詞節を作ることができますから，O のほか S や C として用いることもできます。このとき，whoever のカタマリは「**…な人は誰でも，誰であれ…な人**」という意味になります。

〔例〕　ₛWhoever has a ticket is allowed to enter the building.
　　　（チケットを持っている人は誰でも，その建物に入ることが許可されている）

☑ 副詞のカタマリ

　whoever のカタマリは，**副詞のカタマリ**として使うこともできます。このとき whoever のカタマリは「**誰が［に／を］…しようとも**」という意味になります。

〔例〕　Whoever may come, the staff will be on the alert.
　　　（誰がやって来ても，スタッフは警戒しているだろう）

Check!　次の文の空所には，①と②のどちらを入れるのが適切ですか。
People who feel ill should tell ＿＿＿＿ is nearby.
① whoever　　② who

079

Richard gives his grandchildren whatever they want.

リチャードは孫に,
欲しがっているものは何でも与える。

POINT　whatever ...は,「…なものは何でも」「何が…しようとも」の意味を表す

✓ 複合関係代名詞whatever

　この文では，Richardが S，givesが V であり，複合関係代名詞whateverを使った whatever they want（彼らが欲しがっているものは何でも）というカタマリが O として使われています。**whateverの後ろはSかOかCが欠けた不完全な文**になります。この文では，they wantの目的語が欠けた不完全な文が続いていることを確認しておきましょう。

✓ 名詞のカタマリ

　whateverのカタマリは，**名詞のカタマリ**として使うことができます。**079**の例文ではOとして使われていますが，名詞節を作ることができますから，SやCとして用いることもできます。このとき，whateverのカタマリは「…なものは何でも，何であれ…なもの」という意味になります。

　［例］ $_S$Whatever he has is expensive.
　　　（何であれ，彼が持っているものは高価だ）

✓ 副詞のカタマリ

　whateverのカタマリは，**副詞のカタマリ**として使うこともできます。このとき whateverのカタマリは「何が［に／を］…しようとも」という意味になります。

　［例］ Whatever she receives, she will be pleased.
　　　（何をもらっても，彼女は喜ぶだろう）

Check!　次の文の空所には，①と②のどちらを入れるのが適切ですか。
I am eager to try _____ is new.
① whatever　② which

080 Students can sit wherever they like in the classroom.

その教室では,学生は好きなところに座ってよい。

POINT | **wherever S V ...は,「…するところはどこでも」「どこへ…しても」の意味を表す**

☑ 複合関係副詞 wherever

この文では,複合関係副詞 wherever を使った wherever they like(彼らが好きなところはどこでも)という副詞のカタマリが使われています。**複合関係副詞とは, where, when, how などの関係副詞に -ever がついたもの**です。ここでの like は自動詞で, wherever の後ろには they like という完全な文が続いています。このように, wherever S V ... で「**…するところはどこでも**」という意味を表すことができます。

☑ wherever = in [at / to] any place where

「…するところはどこでも」という意味の whenever S V ...は, in [at / to] any place where S V ... で書き換えることができます。

〔例〕Students can sit in any place where they like in the classroom.

☑ wherever = no matter where

wherever S V ... で「**どこへ…しても**」という意味を表すこともできます。「どこへ…しても」という意味の wherever S V ...は, no matter where S V... で書き換えることができます。

〔例〕With the new app, you can track your cat wherever it may go.

〔例〕With the new app, you can track your cat no matter where it may go.

（新しいアプリを使えば, 飼い猫がどこへ行っても追跡できる）

Check! 次の文の空所には,①と②のどちらを入れるのが適切ですか。

On the ocean, _____ you may go, you'll only see water.

① wherever   ② what

081

Whenever Bob visits Hokkaido, he eats fresh seafood.

ボブは北海道を訪れるときはいつも，
新鮮な海産物を食べる。

POINT

whenever S V ...は，「…するときはいつも」「いつ…しても」
の意味を表す

☑ 複合関係副詞 whenever

　この文では，複合関係副詞 whenever を使った Whenever Bob visits Hokkaido（北海道を訪れるときはいつも）という副詞のカタマリが文頭で使われています。また，Whenever の後ろには Bob visits Hokkaido という完全な文が続いています。このように，whenever S V ... で「**…するときはいつも**」という意味を表すことができます。

☑ whenever = (at) any time when = every time

　「…するときはいつも」と言う意味の whenever S V ... は，**(at) any time when S V ...** や **every time S V ...** の形で書き換えることができます。

〔例〕 At any time when Bob visits Hokkaido, he eats fresh seafood.

〔例〕 Every time Bob visits Hokkaido, he eats fresh seafood.

☑ whenever = no matter when

　whenever S V ... で「**いつ…しても**」という意味を表すこともできます。「いつ…しても」という意味の whenever S V ... は，**no matter when S V ...** の形で書き換えることができます。

〔例〕 Whenever I see Bob, he is eating something that looks delicious.

〔例〕 No matter when I see Bob, he is eating something that looks delicious.

（いつ会っても，ボブは何かおいしそうなものを食べている）

Check!

次の文の空所には，①と②のどちらを入れるのが適切ですか。

_____ you may come, you'll be welcomed.

① Whenever　　② Whatever

082 However hard I tried, I couldn't sleep well that night.

どんなに頑張っても,その晩はよく眠れなかった。

POINT 〈however＋副詞／形容詞＋S V ...〉は,「どれほど副詞／形容詞でも…」の意味を表す

☑〈however ＋ 副詞〉

　この文では，複合関係副詞 however を使った However hard I tried (どんなに頑張っても)という副詞のカタマリが文頭で使われています。hard I tried の部分は,I tried hard.（一生懸命に挑戦した）という文の中にある副詞 hard が,However に引っ張られる形で語順が変わったものです。このように,〈however ＋ 副詞 ＋ S V ...〉の形で「どれほど副詞でも…」という意味を表すことができます。

☑〈however ＋ 形容詞〉

　however の後ろには形容詞が来ることもあります。〈however ＋形容詞＋ S V ...〉の形で「どれほど形容詞でも」という意味を表すことができます。

［例］ However difficult the problem may be, he will solve it.
　　（どれほど難しい問題でも，彼はそれを解決するだろう）

　下線部は The problem may be difficult.（問題は難しいかもしれない）という文の中にある形容詞 difficult が,However に引っ張られる形で語順が変わったものです。

☑〈no matter how ＋ 副詞／形容詞〉

　however の代わりに no matter how という形が使われることもあります。

［例］ No matter how hard I tried, I couldn't sleep well that night.
［例］ No matter how difficult the problem may be, he will solve it.

Check! 次の文の空所には,①と②のどちらを入れるのが適切ですか。
_____ easy a task may be, you should do your best.
① However　　② How

083

Between you and me, they are going to get married.

ここだけの話だが,彼らは結婚するらしい。

POINT 等位接続詞は文法的に同じはたらきをするものをつなぐ

☑ 等位接続詞

この文では,between you and me(ここだけの話だが)という表現が使われています。これは,前置詞between「…の間に」を用いた慣用表現で,andは代名詞youと代名詞meをつなぐはたらきをしています。このように,**文法的に同じはたらきをするものをつなぐ接続詞を等位接続詞**と言います。

☑ 等位接続詞 or / nor / but

or,nor,butもまた,等位接続詞の1つです。ですから,文法的に見て同じはたらきをするものをつなぐことができます。❶と❷の例文では「名詞と名詞」が,❸の例文では「SV…とSV…」がつながれていることを確認しておきましょう。

❶ Which do you like, tea or coffee? (紅茶とコーヒー,どちらが好きですか)

❷ I like neither tea nor coffee. (紅茶もコーヒーも好きではありません)

❸ I don't like tea, but I like coffee.
(紅茶は好きではありませんが,コーヒーは好きです)

☑ 等位接続詞 for / so

forとsoは,「SV…とSV…」をつなぐ等位接続詞です。

❹ I'll stay at home all day today, for it's raining.
(私は今日,1日中家にいるだろう。というのも,雨が降っているからだ)

❺ It's raining, so I'll stay at home all day today.
(雨が降っているので,今日は1日中家にいるだろう)

Check! 次の文の空所には,①と②のどちらを入れるのが適切ですか。
I want to go to Egypt and _____ the Great Pyramids.
① see   ② seeing

084

Visit the zoo in the morning, and you'll see pandas.

午前中に動物園を訪れなさい。
そうすればパンダを見られるでしょう。

POINT　等位接続詞を用いた重要表現——
〈**命令文+and ...**〉「〜しなさい。そうすれば…」など

〈命令文 + and ...〉

この文では，等位接続詞andを用いた 〈**命令文 + and ...**〉「**〜しなさい。そうすれば…**」という表現が使われています。命令文が用いられるため，andより前の部分には主語が置かれていませんが，「Ｓ Ｖ …とＳ Ｖ …」という文法的に見て同じはたらきをするもの同士が等位接続詞andによってつながれている形です。

〈命令文 + and ...〉 ≒ If ...

084の例文は，**条件の意味**を表します。つまり，「〜しなさい。そうすれば…」というのは，別の角度から見れば「**もし〜すれば**」のような意味を表現しているのです。ですから，従属接続詞ifを用いた文でも，同じような意味を表すことができます（p.97参照）。

[例] If you visit the zoo in the morning, you'll see pandas.
　　　（午前中に動物園を訪れれば，パンダを見られるだろう）

〈命令文 + or ...〉

従属接続詞orを用いた 〈命令文 + or ...〉は，「**〜しなさい。そうしなければ…**」という意味を表すことができます。

[例] Hurry up, or you'll miss the bus.
　　　（急ぎなさい。そうしなければバスに乗り遅れるでしょう）

この例文でも，「**もし〜しなければ**」という**条件の意味**が表現されていることを確認しておきましょう。

Check!　次の文の空所には，①と②のどちらを入れるのが適切ですか。
Study harder, _____ you'll pass the exam.
① and　② or

085

Jin wanted to visit either the zoo or the aquarium on the weekend.

ジンは,週末に動物園か水族館に
行きたがっていた。

等位接続詞を用いた重要表現——
either A or B「AかBどちらか一方」など

☑ either A or B

　この文では,the zoo（動物園）と the aquarium（水族館），つまり「名詞と名詞」という文法的に見て同じはたらきをするもの同士が,等位接続詞orによってつながれています。either「どちらか」はorとセットで使われることがよくあり,**either A or Bの形で「AかBかどちらか一方」**という意味を表すことができます。

☑ neither A nor B

　等位接続詞norを用いた,似た形の表現もあります。**neither A nor Bの形で「AもBもどちらも…ない」**という意味を表すことができます。また,これと同じ意味は,not ... either A or Bの形で表すこともできます。

　〔例〕He visited neither the zoo nor the aquarium on the weekend.
　〔例〕He didn't visit either the zoo or the aquarium on the weekend.
　　　（彼は週末に,動物園にも水族館にも行かなかった）

☑ both A and B

　等位接続詞andを用いた,似た形の表現も確認しておきましょう。**both A and Bの形で「AもBも両方とも」**という意味を表すことができます。

　〔例〕He visited both the zoo and the aquarium on the weekend.
　　　（彼は週末に,動物園にも水族館にも行った）

Check!　次の文の空所には,①と②のどちらを入れるのが適切ですか。
He wanted to eat either pizza _____ pasta for lunch.
① and　　② or

Although she is young, Aya is a competent manager.

若いが,アヤは有能な経営者だ。

POINT 従属接続詞はSVのカタマリを導く

☑ 従属接続詞

この文では，Although she is young（彼女は若いが）というカタマリが使われています。althoughは従属接続詞で，後ろにSVという形を続けます。その結果，although SVというカタマリができます。このように，**SVのカタマリを導く接続詞のことを従属接続詞**と言います。

☑ 従属接続詞は副詞節を作る

086の例文と次の例文は同じ意味でしょうか。それとも違う意味でしょうか。

〔例〕**Aya is a competent manager although she is young.**

答えは「同じ意味」です。**従属接続詞が導くカタマリは副詞のはたらき**をします。つまり，原則として，文の意味を変えずに文のどこにでも置くことができるわけです。whetherやifのように名詞節と副詞節の両方を導くことのできる従属接続詞もありますが（pp.96-97参照），基本的に**従属接続詞は副詞節を導く**と覚えておきましょう。

☑ 主節と従節

従属接続詞のカタマリは，そのカタマリ以外の部分を修飾します。**086**の例文では，although she is young（彼女は若いけれども）という従属接続詞のカタマリが，Aya is a competent manager（アヤは有能な経営者だ）の部分を修飾しています。このように，**修飾されるSVのことを主節，修飾する従属接続詞のカタマリのことを従節**と言います。

Check! 次の文の空所には，①と②のどちらを入れるのが適切ですか。
_____ it was raining, they continued to play soccer.
① Although　　② But

087

Ted asked me whether I liked natto.

テッドは私に, 納豆が好きかどうかを聞いた。

POINT 従属接続詞whetherは, 「…かどうか」「…であろうとなかろうと」の意味を表す

☑ 従属接続詞whether

この文では, TedがS, askedがV, meがO_1, whether I liked nattoがO_2です。ここでは, **従属接続詞whetherが導くwhether I liked natto（納豆が好きかどうか）というカタマリ**が, 名詞のカタマリとして使われています。

☑ 名詞のカタマリ

whetherは名詞節と副詞節の両方を導くことができる従属接続詞です。**名詞のカタマリとして使われるときは, 「…かどうか」**という意味になります。**087**の例文ではwhetherのカタマリがOとして使われていますが, whetherは名詞節を作ることができますから, SやCとして用いることもできます。

〔例〕 ~~Whether or not he will come~~ is important.
（彼が来るかどうかが重要だ）

〔例〕 The question is ~~whether or not he will come~~.
（問題は彼が来るかどうかだ）

☑ 副詞のカタマリ

whetherのカタマリは, **副詞のカタマリ**として使うこともできます。このとき, whetherのカタマリは「**…であろうとなかろうと, …かどうかにかかわらず**」という意味になります。

〔例〕 ~~Whether you come or not~~, I'll join the party.
（君が来ても来なくても, 私はパーティーに参加するだろう）

Check! 次の文の空所には, ①と②のどちらを入れるのが適切ですか。
I wonder ＿＿＿＿ it will snow on the weekend.
① although　② whether

088

Roy asked me if I would take the English test on the weekend.

ロイは私に,週末に英語のテストを
受けるかどうかを尋ねた。

POINT 従属接続詞ifは,「…かどうか」「…ならば」「…だとしても」の
意味を表す

☑ 従属接続詞 if

この文では,RoyがS,askedがV,meがO₁,if I would take the English test on the weekendがO₂です。ここでは,**従属接続詞ifが導く if I would take the English test on the weekend（週末に英語のテストを受けるかどうか）いうカタマリ**が,名詞のカタマリとして使われています。

☑ 名詞のカタマリ

ifは名詞節と副詞節の両方を導くことができる従属接続詞です。**名詞のカタマリとして使われるときは,「…かどうか」**という意味になります。ifは名詞節を作ることができますが,whetherと異なり,**SやCとしては使いません。動詞のOとして使う**ことを覚えておきましょう。

☑ 副詞のカタマリ

ifのカタマリは,**副詞のカタマリ**として使うこともできます。このとき,ifのカタマリは**「…ならば」**という意味になります。また,しばしばeven ifの形で**「…だとしても」**という意味になることもあります。

[例] **If it is sunny tomorrow, I'll play in the park.**
(明日晴れたら,公園で遊ぶつもりだ)

[例] **I won't change my mind even if everyone is against me.**
(たとえみんなが反対しても,私は考えを変えないだろう)

Check! 次の文の空所には,①と②のどちらを入れるのが適切ですか。
I don't know _____ the bus will come on time.
① if　　② although

089

Rika told me that she would study in Singapore.

リカは私に，シンガポールに留学すると言った。

POINT 　従属接続詞thatは，「…ということ」の意味を表す

☑ 従属接続詞that

　この文では，RikaがS，toldがV，meがO₁，that she would study in SingaporeがO_2です。ここでは，従属接続詞thatを使ったthat she would study in Singapore（彼女がシンガポールに留学するということ）というカタマリが，名詞のカタマリとして使われています。

☑ 名詞のカタマリ

　whetherやifのほか，thatもまた名詞節と副詞節の両方を導くことができます。**名詞のカタマリとして使われるときは，「…ということ」**という意味になります。**089**の例文ではthatのカタマリがOとして使われていますが，thatは名詞節を作ることができますから，SやCとして用いることもできます。

〔例〕 ₛThat she'll see the Merlion is certain.
（彼女がマーライオンを見ることは確かだ）

〔例〕 The problem is ₛthat she can hardly speak English.
（問題は，彼女が英語をほとんど話せないことだ）

☑ 副詞のカタマリ

　that S V …のカタマリは，**副詞のカタマリ**として使うこともできます。よく用いられるso … that 〜の形は**「とても…なので〜」**という意味です。

〔例〕 She was studying English so hard that she forgot to eat.
（とても一生懸命英語を勉強していたので，彼女は食事をとるのも忘れた）

Check! 　次の文の空所には，①と②のどちらを入れるのが適切ですか。
I think _____ practice makes perfect.
① that　 ② of

Hiro studied hard so that he could get a high score on the test.

テストで高得点を取れるよう、
ヒロは一生懸命勉強した。

POINT so that S V ...は、「…するように」「したがって…する」の意味を表す

✓「目的」のso that

この文では、so that he could get a high score on the test（テストで高得点を取れるように）という副詞のカタマリが使われています。so that は2語からなる従属接続詞であり、so that S V ...の形で「…するように」という目的の意味を表すことができます。このように、2語以上が集まって1つの接続詞のはたらきをすることがあります。

✓「結果」のso that

so that S V ...の形で結果の意味を表すこともできます。結果の意味のso that は、「したがって…する、その結果…する」という意味になります。

［例］He was exhausted, so that he fell asleep on the couch.
　　（くたくただったので、彼はソファで眠ってしまった）

✓「目的」と「結果」の区別

「目的」のso that なのか「結果」のso that なのかは、どのように判断すればいいのでしょうか。目的の意味の場合は"so that S can do"や"so that S will do"のように、助動詞が用いられることがよくあります。一方、結果の意味の場合は", so that S V ..."のように、コンマが置かれていることがよくあります。最終的には文脈から判断する必要がありますが、判断材料の1つとして押さえておきましょう。

Check! 次の文の空所には、①と②のどちらを入れるのが適切ですか。

His mother covered him with a blanket _____ he wouldn't catch a cold.

① so that 　② to

091

Shota practiced Judo until it was dark.

暗くなるまで,ショウタは柔道の練習をした。

POINT | until S V ...は,「…するまでずっと」の意味を表す

☑「期間」のuntil

この文では,**until it was dark（暗くなるまで）という副詞のカタマリ**が使われています。untilは従属接続詞であり,**until S V ...の形で「…するまでずっと」**という**期間の意味**を表すことができます。

☑「期限」のby the time

期間の意味を表す**until S V ...「…するまでずっと」**とまぎらわしいのが,**期限の意味を表すby the time S V ...「…するまでに,…する頃には」**です。by the timeもまた従属接続詞であり,似たような訳になりますが,意味は全く違います。untilがある程度「幅のある時間」を表しているのに対し,by the timeは「幅のない時間,ある時点」を表していることに注意しましょう。

　　[例] He had finished practicing Judo by the time his father came to pick him up.　（父親が車で迎えに来るまでに,彼は柔道の練習を終えた）

☑ 前置詞のuntilとby

前置詞のuntilとbyにも同じような違いがあります。

　　[例] He will be there until 6 p.m.　（彼は午後6時までそこにいるだろう）

　　[例] He will be there by 6 p.m.　（彼は午後6時までにはそこにいるだろう）

> **Check!** 次の文の空所には,①と②のどちらを入れるのが適切ですか。
> _____ you feel thirsty, you have already lost 2% of the water in your body.
> ① Until　　② By the time

092

As far as I know, tickets are still available.

私が知る限り,チケットはまだ手に入る。

POINT as far as S V ...は,「…する限り,…する範囲では」の意味を表す

☑「範囲」のas far as

　この文では, As far as I know（私が知る限り）という副詞のカタマリが使われています。as far asは3語からなる従属接続詞であり, as far as S V ...の形で「…する限り, …する範囲では」という範囲の意味を表すことができます。

☑「条件」のas long as

　範囲の意味を表すas far as S V ...「…する限り, …する範囲では」とまぎらわしいのが, 条件の意味を表すas long as S V ...「…する限り, …しさえすれば」です。as long asもまた従属接続詞であり, 似たような訳になりますが, 意味は大きく異なります。as far as は「範囲」の意味を表し, as long asは「条件」の意味を表すという違いを意識するため,「…する範囲では」「…しさえすれば」のほうの訳をしっかりと押さえましょう。

　〔例〕You may watch YouTube as long as you have completed your homework. （宿題を終えてさえいれば, YouTubeを見てもよい）

☑「期間」のas long as

　as long as S V ...の形で「…する間は, …だけずっと」という期間の意味を表すこともできます。

　〔例〕As long as I live, I'll take care of the cat.
　　　　（私が生きている間は, 私がそのネコの面倒を見る）

Check! 次の文の空所には,①と②のどちらを入れるのが適切ですか。

_____ you take good care of it, you can buy a new camera.

① As far as　　② As long as

093

Giraffes can run as fast as lions can.

キリンはライオンと同じくらい速く
走ることができる。

POINT as ... as ～は、「～と同じくらい…」の意味を表す

☑ as ... as ～

この文では，<u>原級比較</u>と呼ばれる <u>as ... as ～</u>「～と同じくらい…」の形が使われています。"..."の部分には形容詞か副詞の原級が入り，2つのものの程度や数量などが同じくらいであることを表します。この文のfast（速く）は副詞です。また，文末のcanは省略することも可能です。

［例］**Giraffes can run as fast as lions.**

☑ 1つ目のasと2つ目のas

as ... as ～の形にはasが2つありますが，それぞれが違う役割を持っています。<u>1つ目のasは副詞</u>で，as ... で「同じくらい…」という意味を表します。<u>2つ目のasは従属接続詞</u>です。比較の対象（比べる相手）を表すために使い，as ～で「**～と（比べて）**」という意味を表します。**093**の例文では，Giraffes can run fast.（キリンは速く走ることができる）と Lions can run fast.（ライオンは速く走ることができる）という文が元になり，キリンとライオンの走る「速さ」が比較されています。

☑ not as ... as ～

否定語を用いて<u>not as ... as ～</u>の形にすると，「**～ほど…ない**」という意味を表すことができます。

［例］**Lions cannot run as fast as cheetahs (can).**
（ライオンはチーターほど速く走れない）

Check! 次の文の空所には，①と②のどちらを入れるのが適切ですか。
Today it is as _____ as it was yesterday.
① warm　② warmer

094 Swallows can fly faster than sparrows can.

ツバメはスズメより速く飛ぶことができる。

POINT 〈比較級+than ...〉は,「…よりも〜」の意味を表す

☑〈比較級 + than ...〉

この文では，faster than という形が使われています。faster は副詞 fast（速く）の比較級であり，「より速く」という意味です。このように，〈**比較級 + than ...**〉の形で「…**よりも〜**」という意味を表すことができます。なお，文末の can は省略することも可能です。

〔例〕Swallows can fly faster than sparrows.

☑ 比較の対象を表す than

〈比較級 + than ...〉の than は従属接続詞です。比較の対象（比べる相手）を表すために使い，**than ... で「…よりも」という意味を表します。094** の例文では，Swallows can fly fast.（ツバメは速く飛ぶことができる）と Sparrows can fly fast.（スズメは速く飛ぶことができる）という文が元になり，ツバメとスズメの飛ぶ「速さ」が比較されています。

☑〈the + 比較級 + of ...〉

2つ［2人］のものだけで比較する場合，比較級の前に the を置きます。例えば，〈**the + 比較級 + of the two**〉という形で「2つ［2人］のうち〜のほう」という意味を表すことができます。ここでの of は「**…の中で**」という意味を表します。

〔例〕Mei and Satsuki are siblings. Satsuki is <u>the taller of the two</u>.
（メイとサツキはきょうだいだ。サツキは2人のうち背が高いほうだ）

Check! 次の文の空所には，①と②のどちらを入れるのが適切ですか。
My grandfather goes to bed ＿＿＿＿ than I do.
① as early　② earlier

Cheetahs can run the fastest of all land animals.

チーターはすべての陸生生物の中で
最も速く走ることができる。

POINT 〈最上級+of ...〉は,「…の中で最も〜」の意味を表す

☑ 〈最上級 + of ...〉

この文のfastestは副詞fast（速く）の最上級であり,「最も速く」という意味です。このように, **〈最上級 + of ...〉の形で「…の中で最も〜」** という意味を表すことができます。

☑ 「…の中で」を表すof

前置詞のofは **「…の中で」** という意味を表しています。最上級の直後に置かれ, どこの中で一番なのかという「範囲」を表すのに使います。**095** の例文は, Cheetahs can run fast.（チーターは速く走ることができる）という文を元にした最上級の文です。最上級の直後のofに「（特定のものの中から選び出して）…の中で」という意味が含まれているため,「すべての陸生生物」という範囲の中で一番速い, という意味になります。

☑ 「…の中で」を表すin

最上級の直後に置かれる前置詞はofだけではありません。「範囲」を表すinもまた, 最上級とともによく用いられます。次の例文では,「日本」という範囲の中で一番であることを表しています。

［例］Mt. Fuji is the highest mountain in Japan.
（富士山は日本で最も高い山だ）

Check! 次の文の空所には, ①と②のどちらを入れるのが適切ですか。
Lake Baikal is the _____ of all the lakes in the world.
① deeper　　② deepest

096 The population of India is much larger than that of Japan.

インドの人口は日本の人口よりもずっと多い。

POINT 〈much＋比較級〉は，「ずっと…，はるかに…」の意味を表す

☑〈much ＋ 比較級〉

この文では，比較級 larger の前に much という副詞が置かれています。このように，**比較級の前に much / far / by far / a lot などを置くことで，「ずっと…，はるかに…」という比較級を強調する意味を加えることができます**。なお，この文の that は代名詞で，the population を指します。

☑〈even ＋ 比較級〉

even や still も，比較級を強調する表現です。もっとも，much などとは違い，「さらに…」という意味を加えます。比べる相手の程度も大きいけれども「さらにそれを上回って」という強調の仕方です。

〔例〕The population of India is even larger than that of China.
（インドの人口は中国の人口よりもさらに多い）

☑〈by far the ＋ 最上級〉

最上級を強調する場合は，by far や much などを使います。〈by far〔much〕the ＋ 最上級〉で「ずば抜けて…，断トツで…」という意味を表します。同様の意味は very を用いて表すこともできます。ただし，このときは〈the very ＋ 最上級〉という語順になることに注意しましょう。

〔例〕She is by far the best tennis player in this tournament.
〔例〕She is the very best tennis player in this tournament.
（彼女は今大会で，ずば抜けて優れたテニス選手だ）

Check! 次の文の空所には，①と②のどちらを入れるのが適切ですか。
The climate of Australia is ＿＿＿ hotter than that of Iceland.
① much　② very

097

Hokkaido is about twice as large as the Kyushu region.

北海道は九州地方のおよそ2倍の大きさだ。

POINT | twice as ... as 〜は，「〜の2倍…」の意味を表す

☑ 倍数表現

　この文では，twice as large as という形が使われています。as large as の部分は原級比較の形で（p.102参照），その直前に twice（2倍）という倍数表現が置かれた形です。このように，twice as ... as 〜の形で「〜の2倍…」という意味を表すことができます。この文の about は副詞で，「およそ，約」の意味です。

☑ X times as ... as 〜

　「3倍以上」を表したいときは，X times as ... as 〜の形を使います。

〔例〕Hokkaido is more than five times as large as Iwate Prefecture.
　　　（北海道は岩手県の5倍以上の大きさだ）

　「半分」を表したいときは，half as ... as 〜の形を使います。

〔例〕The Kyushu region is about half as large as Hokkaido.
　　　（九州地方は北海道のおよそ半分の大きさだ）

☑ twice the size of ...

　097 の例文は twice the size of ...「…の2倍の大きさ」という表現を用いて書き換えることができます。また，half the size of ...「…の半分の大きさ」のように表すことも可能です。

〔例〕Hokkaido is about twice the size of the Kyushu region.

〔例〕The Kyushu region is about half the size of Hokkaido.

Check! 次の文の空所には，①と②のどちらを入れるのが適切ですか。
My brother has three times as many books _____ I do.
① as　　② than

098

Nothing is as precious as time.

時間ほど貴重なものはない。

POINT | **Nothing is as ... as Aは,「Aほど…なものはない」の意味を表す**

☑ Nothing is as ... as A

この文では,〈否定語 + as ... as 〜〉「〜ほど…ない」の形が使われています。Nothing is as ... as A は「Aほど…なものはない」という意味の慣用表現です。これは,**最上級を用いずに実質的に最上級と同じような意味を表す表現**(最上級相当表現)で,ほぼ同じ意味は,〈Nothing is + 比較級 + than A〉の形を用いて表すこともできます。

[例] Nothing is more precious than time. (時間より貴重なものはない)

☑ 最上級を用いた書き換え

「時間ほど貴重なものはない」ということは,「時間が最も貴重なものだ」ということを意味していますから,**098** の例文は最上級を用いて書き換えることもできます。

[例] Time is the most precious thing. (時間は最も貴重なものだ)

☑ 比較級を用いた最上級相当表現

098 の例文は**原級を用いた最上級相当表現**ですが,Timeを主語にし,**比較級を用いた最上級相当表現**で同じような意味を表すこともできます。

[例] Time is more precious than anything else.
(時間はほかのどんなものよりも貴重だ)

Check! 次の文の空所には,①と②のどちらを入れるのが適切ですか。
Nothing is ＿＿＿ as taking a walk.
① as refreshing　② more refreshing

099 The older you grow, the richer your vocabulary becomes.

年をとればとるほど,
その分ますます語いは豊富になる。

POINT 〈the+比較級…, the+比較級〜〉は,「…であればあるほど, その分ますます〜」の意味を表す

☑〈the + 比較級…, the + 比較級〜〉

この文では, the older …, the richer 〜という 〈the + 比較級…, the + 比較級〜〉「…であればあるほど, その分ますます〜」の形が使われています。

☑元は2文

099の例文は, 次の2文を元にしています。

❶ You grow old. （あなたは年をとる）

❷ Your vocabulary becomes rich. （あなたの語いは豊富になる）

1文目のoldを比較級に変えてthe をつけて先頭に出したのが, The older you grow の部分であり, 2文目のrichを比較級に変えてthe をつけて先頭に出したのが, the richer your vocabulary becomes の部分です。

☑名詞があるとき

形容詞だけでなく, 副詞や〈形容詞＋名詞〉が先頭に出ることもあります。

［例］The harder I studied, the more books I needed.
（一生懸命勉強すればするほど, ますます多くの本が必要になった）

〈形容詞＋名詞〉の形容詞の部分を〈the + 比較級〉の形にする場合,〈形容詞＋名詞〉ごと前に出します。元の2文を意識しながら, 文の成り立ちを考えましょう。

❶ I studied hard. （私は一生懸命勉強した）

❷ I needed many books. （私は多くの本が必要になった）

Check! 次の文の空所には, ①と②のどちらを入れるのが適切ですか。
The more books I read, the _____ I found learning.
① interested　　② more interesting

100

This winter it is less cold than usual.

今年の冬は例年よりも寒くない。

POINT 〈less+原級〉は、「より…ない」の意味を表す

☑〈less + 原級〉

この文では，less coldという形が使われています。〈less + 原級〉「より…ない」の形で，今年の冬が例年よりも寒くないことを表しています。このように，〈less + 原級〉の形を使うことで，2つのものの程度や数量などを比較し，一方がもう一方よりも「…でない」という意味を表すことができます。less colder のように，〈比較級＋比較級〉の形にしてしまうミスが多いところですから，〈less＋原級〉が正しい形であることを確認しておきましょう。なお，it は天候のit と言われ，具体的なものを指しているわけではありません。また，than usual は「いつもより」という意味の慣用表現です。

☑ not as … as 〜を用いた書き換え

100 の例文と同様の意味は，not as … as 〜「〜ほど…ない」の形を用いて表すことができます。

［例］This winter it is not as cold as usual. （今年の冬は例年ほど寒くない）

☑〈the least + 原級〉

〈the least + 原級〉の形で「（〜のうちで）最も…ない」という意味を表すことができます。

［例］This winter it is the least cold in twenty years.
（今年の冬は，ここ20年で最も寒くない）

Check! 次の文の空所には，①と②のどちらを入れるのが適切ですか。
This summer it is _____ than we expected.
① less hotter   ② less hot

101

Cats are not so much pets as members of the family to her.

彼女にとってネコは,
ペットというより家族の一員だ。

POINT — not so much A as Bは,「AというよりB」の意味を表す

☑ not so much A as B

この文では, not so much A as B「AというよりB」の形が使われています。Aの部分にはpets(ペット)が, Bの部分にはmembers of the family(家族の一員)が来ていて,「ペットというより(むしろ)家族の一員」のように, A＜Bの関係が成り立っています。

☑ more B than A / less A than B

101の例文と同様の意味は, more B than A「AというよりB」あるいは, less A than B「AというよりB」の形を用いて表すことも可能です。どちらも, A＜Bの関係が成り立っていること, Aの部分にはpetsが, Bの部分にはmembers of the familyが来ていることを確認しておきましょう。

〔例1〕 Cats are more members of the family than pets to her.
〔例2〕 Cats are less pets than members of the family to her.

☑ B rather than A

さらに, 同様の意味は, B rather than A「AというよりB」の形でも表すことができます。このときもまたA＜Bの関係が成り立っています。

〔例3〕 Cats are members of the family rather than pets to her.

101や〔例1〕～〔例3〕の例文は, AとBが入れかわっただけで逆の意味になってしまいます。AとBの関係を正確に押さえておきましょう。

Check! 次の文の空所には,①と②のどちらを入れるのが適切ですか。

To his dog, he is not so much an owner ＿＿＿＿ a friend.

① as　　② than

102

It won't be long before the train arrives at this station.

まもなく電車はこの駅に到着するだろう。

POINT

itを用いた重要表現──
It is not long before ...「まもなく…」など

☑ 時間のit

　この文では，It won't be long before ... という形が使われています。この It は**時間のit**と呼ばれるものです。何か具体的なものを指しているわけではなく，「それは」のようには訳しません。文全体を直訳すると，「電車がこの駅に着く前にかかる時間は長くないだろう」のような訳になります。これを自然な日本語にしたものが「まもなく電車はこの駅に到着するだろう」です。このように，It is not long before ... の形で「まもなく…」という意味を表すことができます。

☑ 距離のit

　「時間のit」と同じようなはたらきをするitに，**距離のit**と呼ばれるものがあります。このitも，具体的なものを指しているわけではありません。

　〔例〕**It is about 300 km from Sapporo to Hakodate.**
　　　（札幌から函館まではおよそ300キロメートル離れている）

☑ 天候のit・明暗のit

　天候のitや**明暗のit**と呼ばれるものもあります。この場合もまた，itが具体的なものを指しているわけではないことを確認しておきましょう。

　〔例〕**It is going to be sunny tomorrow.** （明日は晴れそうだ）
　〔例〕**It is already dark outside.** （外はもう暗くなっている）

Check!

次の文の空所には，①と②のどちらを入れるのが適切ですか。
The rain stopped, and it wasn't long _____ a rainbow appeared.
① before　　② that

103

It is easy to get into a bad habit.

悪い習慣を身につけるのは簡単だ。

形式主語構文を用いた重要表現——
It is easy to do「…するのは簡単だ」など

☑ 形式主語構文

この文では，ItがS，isがV，easyがCです。SのItは形式的に置いたものであり，**形式主語**または**仮主語**と呼ばれます。**真主語**，つまり本当の主語は，文の後ろのほうにある to get into a bad habit（悪い習慣を身につけること）という名詞のカタマリです。

☑ 形式主語構文のしくみ

103の例文は，次のように表すこともできます。

［例］ ₛTo get into a bad habit ᵥis ᴄeasy.

もっとも，to不定詞句をSにする文はSが長くなる傾向にあり，現代英語ではあまり使われません。そこで，**SをItにして文頭をすっきりさせ，長いto不定詞句を文の後方に回したのが，形式主語構文**です。

☑ その他の形式主語構文

形式主語構文の真主語として用いるのは**to不定詞句**だけではありません。**動名詞句**もまた真主語として使うことがあります。

［例］ ₐ形式ₛIt ᵥis ᴄno use ₐ真ₛcrying over spilt milk.
（こぼしたミルクについて嘆いても意味がない［覆水盆に返らず］）

＊「一度起きてしまったことは二度と元に戻らない」という意味のことわざ

Check! 次の文の空所には，①と②のどちらを入れるのが適切ですか。

_____ is necessary to take moderate exercise.

① It　② That

104

It is clear that Robert is a talented musician.

ロバートが才能のある音楽家であることは明らかだ。

POINT　形式主語構文を用いた重要表現——
It is clear that S V ... 「…は明らかだ」など

☑ 形式主語構文

この文では，It が S，is が V，clear が C です。S の It は形式的に置いたものであり，**形式主語**または**仮主語**と呼ばれます。**真主語**，つまり本当の主語は，文の後ろのほうにある that Robert is a talented musician（ロバートが才能ある音楽家であること）という名詞のカタマリです。このように，to 不定詞句や動名詞句だけでなく，**that 節**もまた真主語として使うことがあります。

☑ 形式主語構文のしくみ

104 の例文は，次のように表すこともできます。

[例] _SThat Robert is a talented musician _Vis _Cclear.

もっとも，that 節を S にする文は，S が長くなる傾向にあり，あまり使われません。そこで，**S を It にして文頭をすっきりさせ，長い that 節を文の後方に回したのが形式主語構文**です。

☑ その他の形式主語構文

形式主語構文の真主語として用いるのは**that 節**だけではありません。**whether 節**もまた真主語として使うことがあります。

[例] _{形式S}It _Vdoesn't matter _Cto me _{真S}whether he is rich or not.
（彼が金持ちかどうかは，私にとって重要ではない）

Check!
次の文の空所には，①と②のどちらを入れるのが適切ですか。

_____ was fortunate that he saw a shooting star.

① It　② That

105

The internet has made it possible to communicate with people all over the world.

インターネットは世界中の人々と
コミュニケーションをとることを可能にした。

POINT 形式目的語構文を用いた重要表現──
make it possible to *do*「…するのを可能にする」など

☑ 形式目的語構文

　この文では，The internet が S，has made が V，it が O，possible が C であり，make O C「O を C にする」の形が使われています。O の it は形式的に置いたものであり，**形式目的語**または**仮目的語**と呼ばれます。**真目的語**，つまり本当の目的語は文の後ろのほうにある to communicate with people all over the world（世界中の人々とコミュニケーションをとること）という名詞のカタマリです。

☑ find it ... to *do*

　形式目的語構文を作る動詞はほかにもあります。例えば，**find it ... to** *do* の形では「**～するのが…だとわかる［気づく／思う］**」という意味を表すことができます。

　[例] ₛI ᵥfound 形式Oit ｃeasy 真Oto solve the problem.
　　　（私はその問題を解決するのは簡単だと思った）

☑ その他の形式目的語構文

believe や think などもまた形式目的語構文を作ります。

　[例] ₛThey ᵥbelieved 形式Oit ｃwrong 真Oto tell the truth.
　　　（彼らは真実を伝えることが間違いだと信じていた）

　[例] ₛHe ᵥthought 形式Oit ｃhard 真Oto arrive on time.
　　　（彼は時間通りに着くのは難しいと考えた）

Check! 次の文の空所には，①と②のどちらを入れるのが適切ですか。
The heavy rain made ＿＿＿＿ difficult to continue the game.
① it　　② this

106

It was Armstrong that reached the surface of the moon in 1969.

1969年に月面に到達したのは
アームストロングだった。

POINT 強調構文It is ... that ～は,「～なのは…だ, …こそが～だ」の意味を表す

強調構文

この文では, It is ... that ～ 「～なのは…だ, …こそが～だ」の形が使われています。**強調構文**と呼ばれるこの形は, Armstrong reached the surface of the moon in 1969. という文のSである Armstrong を強調したものであり,「1969年に月面に到達したのは(ほかの誰かではなく)アームストロングだった」のようにSを強調するニュアンスを含んでいます。このように, It is ... that ～の形で, **It is と that の間にある名詞または副詞を強調**することができます。なお, 強調する名詞が人の場合はthatの代わりにwhoを使うこともあります。

[例] It was Armstrong who reached the surface of the moon in 1969.

名詞を強調する場合

元の文のOである名詞 the surface of the moon を強調することもできます。強調する名詞が人以外の場合はthatの代わりにwhichを使うこともあります。

[例] It was the surface of the moon that [which] Armstrong reached in 1969. (1969年にアームストロングが到達したのは月面だった)

副詞を強調する場合

副詞句 in 1969 を強調することもできます。

[例] It was in 1969 that Armstrong reached the surface of the moon.
(アームストロングが月面に到達したのは1969年だった)

Check! 次の文の空所には, ①と②のどちらを入れるのが適切ですか。

_____ last week that they went to Disneyland.

① It was　　② There was

107

It is not until you get sick that you realize the value of health.

病気になって初めて，健康のありがたみがわかる。

POINT 強調構文を用いた重要表現──
It is not until ... that ～「…して初めて～」など

✓ It is not until ... that ～

　この文では，It is と that の間に副詞節 until you get sick をはさむ形で強調構文が使われています。**It is not until ... that ～は「…して初めて～」**という意味の慣用表現です。

✓ 強調構文の元になっている文

　107の例文は次の文が元になっています。

　〔例〕**You don't realize the value of health until you get sick.**
　　　（病気になるまでは健康のありがたみがわからない）

don't の not が前に出て，It is not ... という形になっている点に注意が必要です。

✓ It is only when ... that ～

　107の例文と同様の意味は，**It is only when ... that ～**という形でも表すことができます。

　〔例〕**It is only when you get sick that you realize the value of health.**

　ここでの only は「（…して）ようやく，初めて」という意味です。この文は，次の文が元になっています。

　〔例〕**You realize the value of health only when you get sick.**

Check! 次の文の空所には，①と②のどちらを入れるのが適切ですか。
It was not until he lived in the country _____ he realized
how convenient city life is.
① when 　② that

108

It seems that Sophia has a cold.

ソフィアは風邪をひいているようだ。

POINT **It seems that ...は,「…ようだ」の意味を表す**

☑ It seems that ...

この文では, It seems that ...「…ようだ」という表現が使われています。It seems that ... は, **見たり聞いたり考えたりしたことを元に事実を推量する表現**です。なお, 特に見た目から判断して言う場合は, 次のように It looks like ... の形を使うことができます。

〔例〕It looks like Sophia has a cold.

☑ S seems to *do*

108 の例文と同様の意味は, S seems to *do* の形を用いて表すこともできます。

〔例〕Sophia seems to have a cold.

×Sophia seems that ... としてしまうミスが多いところです。このような形はないので注意しましょう。

☑ It appears that ... ≒ S appears to *do*

さらに, 同様の意味は, It appears that ... という形でも表すことができます。また, S appears to *do* の形を用いて表すことも可能です。なお, appear は seemと比べて堅い表現であるとされています。

〔例〕It appears that Sophia has a cold.

〔例〕Sophia appears to have a cold.

Check! 次の文の空所には, ①と②のどちらを入れるのが適切ですか。

_____ seems that she got full marks on the test.

① It   ② Mary

109

There are a lot of students in our school.

私たちの学校にはたくさんの生徒がいる。

POINT **There is [are] S ...は,「Sがいる, Sがある」の意味を表す**

☑ There is [are] S ...

この文では,areがV,a lot of studentsがSであり,<u>There is構文</u>と呼ばれる,<u>There is [are] S ...</u>「**Sがいる, Sがある**」の形が使われています。このように,〈There + be動詞 + S ...〉の形で,人や物の「**存在**」を表すことができます。この文では,Sにあたるa lot of studentsが複数名詞であることから,Vにはareを用いていますが,Sが単数名詞のときは,Vにはisを用います。

〔例〕**There is a rabbit behind the rock.** (岩の陰にウサギがいる)

☑ 助動詞を用いる場合

Vの部分には助動詞を用いることもできます。その場合は,〈There + 助動詞 + be S ...〉という形にします。

〔例〕**There must be a spy among us.**
(私たちの中にスパイがいるに違いない)

☑ There is [are] S *doing*

似た表現として,<u>There is [are] S *doing*</u>「**Sが…している**」というものがあります。この機会に使い方を確認しておきましょう。

〔例〕**There were a lot of people waiting in line.**
(たくさんの人が列に並んで待っていた)

Check! 次の文の空所には,①と②のどちらを入れるのが適切ですか。
There _____ a fountain pen in my grandfather's desk.
① must be ② must do

110 I don't know why the bullet train was delayed.

私は,なぜ新幹線が遅れたのかわからない。

POINT | **why S V ...は,「なぜ…か」の意味を表す**

☑ 間接疑問

この文では,I が S, don't know が V, why the bullet train was delayed が O です。why は疑問文を作るときに使われる疑問詞であり, why S V ... の形で「なぜ…か」という意味の**名詞のカタマリ**を作ります。**間接疑問**と呼ばれる形ですが,特に注意が必要なのはその語順です。**間接疑問では, カタマリの中は S V の語順**にします。疑問詞を用いた疑問文の語順とは異なることに注意しましょう。

［疑問文］Why <u>was</u> <u>the bullet train</u> delayed?（なぜ新幹線は遅れたのですか？）

［間接疑問］... why <u>the bullet train</u> <u>was</u> delayed （なぜ新幹線が遅れたのか）

☑ 疑問詞のカタマリが S になる場合

疑問詞のカタマリは名詞のカタマリですから, **S として使う**こともできます。例えば how「どのように」を使うと, 次のようになります。

［例］_S<u>How the thief entered the room</u> was not clear.
（泥棒がどのように部屋に入ったのかは不明だった）

☑ 疑問詞のカタマリが C になる場合

名詞のカタマリは **C として使う**こともできます。例えば when「いつ」を使うと, 次のようになります。

［例］The question is _C<u>when we should start action.</u>
（問題は, 私たちがいつ行動を開始すべきかだ）

Check! 次の文の空所には,①と②のどちらを入れるのが適切ですか。
We didn't know why ＿＿＿＿ tired.
① was he　　② he was

111

What do you think is the best way to learn a foreign language?

あなたは,何が外国語を身につける
最良の方法だと思いますか?

POINT　What do you think is ...?は,「何が…だと思いますか」の
意味を表す

☑ What do you think is ... ?

　この文はWhatから始まる疑問文です。ただし, Do you know what this is?(こ
れが何かわかりますか?)のようにYesかNoで答えられる疑問文ではありませ
ん。<u>What do you think is ... ?は「何が…だと思いますか」</u>という意味で, 聞き
手が最良だと思う外国語を身につける方法を尋ねて, 「音読」や「単語の暗記」
のように具体的に答えてもらうことを想定した疑問文です。

☑ 応答文を考える

　文の仕組みを考えるためには, 疑問文に対する応答文を考えるのが効果的です。
111の例文に丁寧に答えた次の文を元に, 文の仕組みを考えてみましょう。

　〔例〕I think <u>reading aloud</u> is the best way to learn a foreign language.
　　　　(私は, 外国語を身につける最良の方法は音読することだと思います)

　疑問文に対して具体的に答えた下線部を疑問詞のwhatに変えて文頭に出し, I
thinkの部分をdo you thinkという疑問文の形に変えたものが**111**の例文です。

☑ What do you think S V ...?

　次のような疑問文も考えられます。これに対する応答文を考えてみましょう。

　〔疑問文〕What do you think I have in my pocket?
　　　　　(あなたは, 私のポケットの中に何が入っていると思いますか?)

　〔応答例〕I think you have a <u>coin</u> in your pocket.
　　　　　(私は, あなたのポケットにはコインが入っていると思います)

Check!　次の文の空所には,①と②のどちらを入れるのが適切ですか。

_____ is the best thing to eat when you are sick?

① Do you think what　　② What do you think

112

The northern lights are hardly ever seen around here.

このあたりではオーロラはめったに見られない。

POINT 否定の意味を持つ準否定語に注意する

☑ hardly ever

この文では，The northern lights が S，are seen が V です。**hardly ever** は副詞で，「**めったに…ない**」という意味を持っています。not や never とは違い，hardly ever は完全な否定を意味しているわけではありません。このように，否定の意味は持ちつつも否定語よりもソフトな否定を表す語を**準否定語**と呼びます。

☑「頻度」を表す準否定語

hardly ever「めったに…ない」のように，**頻度**を表す準否定語には **seldom** や **rarely** もあります。長文の中などでは見落としがちな単語ですが，文の意味を大きく変える重要語ですから，例文で確認しながら覚えておきましょう。

　〔例〕 The fishermen seldom [rarely] sail out to sea when a storm is approaching. （嵐が近づいているとき，漁師たちはめったに海に出ない）

☑「程度」を表す準否定語

「**ほとんど…ない**」のように，**程度**を表す準否定語もあります。**hardly** や **scarcely** がそれにあたりますが，hardly は hard「一生懸命に」と混同しがちですから，特に注意が必要です。例文で使い方を確認しておきましょう。

　〔例〕 I could hardly [scarcely] see the fireworks from the building.
　（そのビルから，花火はほとんど見えなかった）

Check! 次の文の空所には，①と②のどちらを入れるのが適切ですか。
It _____ ever snows here.
① hardly　　② hard

113

Never have I seen such beautiful scenery.

こんなに美しい景色は見たことがない。

否定の意味を持つ副詞が文頭にあるときは，その後ろは倒置の形になる

☑ 否定の副詞を文頭に置く倒置

この文では，否定の意味を持つ副詞neverが文頭に置かれており，その後ろには have I seen such beautiful scenery という，疑問文と同じ形が続いています。このように，ＳとＶの語順が入れ替わることを倒置と言います。**否定の意味を持つ副詞が文頭にあるときは，その後ろは倒置の形**にします。この文の元の形，I have never seen such beautiful scenery. との語順の違いを意識しましょう。

☑ only を文頭に置く倒置

only を文頭に置くときも，後ろは倒置の形にします。これは，onlyが「…しかない」という意味を含む準否定語だからです。次の例文のonly when ... は「…して初めて」という意味の表現で，Only when he lost the game という副詞のカタマリが文頭に出て，did以降で倒置が起きています。

［例］**Only when he lost the game did he realize that he wasn't practicing enough.** （試合に負けて初めて，彼は練習が十分でなかったことに気づいた）

☑ little を文頭に置く倒置

準否定語 little を文頭に置くときも，後ろは倒置の形にします。little はふつう「ほとんど…ない」という意味ですが，次のように文頭に置く場合は「全く…ない」という意味で使われます。

［例］**Little did I dream of winning the match.**
（私がその試合に勝つとは夢にも思わなかった）

Check! 次の文の空所には，①と②のどちらを入れるのが適切ですか。
Never _____ ridden a roller coaster.
① she has　② has she

114

Tim is not in the least interested in exercise.

ティムは運動に全く興味がない。

POINT 否定の強調表現――
not ... in the least「全く…ない, 少しも…ない」など

☑ not ... in the least

この文では, not ... in the least「全く…ない, 少しも…ない」という表現が使われています。このとき, notとセットで使われている in the least は, **否定の意味を強める役割**を果たしています。

☑ not ... at all と not ... by any means

否定語とともに使われて, 否定の意味を強調する表現はほかにもさまざまなものがあります。not ... at all「全く…ない」や not ... by any means「決して…ない」もそのうちの1つです。例文で使い方を確認しておきましょう。

［例］Tim doesn't like exercise at all.
（ティムは運動が全く好きではない）

［例］Exercise isn't by any means enjoyable for Tim.
（ティムにとって運動は決して楽しいものではない）

☑〈no + 名詞 + whatever〉

〈no + 名詞 + whatever〉の形で,「どんな名詞も…ない」という意味を表すことができます。

［例］There's no evidence whatever of his innocence.
（彼の無実についてどんな証拠もない［無実を証明する証拠は何もない］）

Check! 次の文の空所には, ①と②のどちらを入れるのが適切ですか。
She is not in the ＿＿＿＿ worried about her future.
① least ② little

115

You cannot be too careful while driving.

運転している間は,注意してもしすぎることはない。

POINT 否定語を用いた重要表現——
cannot be too ...「…すぎることはない」など

☑ cannot be too ...

この文では, cannot (…できない) という**否定の表現**と, too careful (注意深すぎる) という表現がセットで使われています。直訳すると「注意深すぎる状態にはなれない」となりますが, これは「どれだけ注意しても, しすぎることはない」という意味を表しています。

☑ 二重否定

否定語を用いた重要表現には, ほかにもさまざまなものがあります。例えば, 次の二重否定の文には, 否定語を 2 つ用いた重要な表現が含まれています。

〔例〕He never returns to his hometown without dropping by the bookstore. （故郷に戻ると, 彼は必ずその書店に立ち寄る）

この例文は, 直訳すると「その書店に立ち寄ることなく, 彼が故郷に戻ることは決してない」となります。このように, never ... without ～の形で「…すると必ず～する」という意味を表すことができます。

☑ nothing but A

nothing but A「Aだけ, Aしか…ない」もまた否定語を用いた重要な表現です。but A は「A以外 (の)」という意味の表現で, nothing but A を直訳すると「A以外のものは…ない」となります。これはonly A と同じような意味を表します。

〔例〕She studies nothing but her favorite subjects.
（彼女は好きな教科しか勉強しない）

Check! 次の文の空所には,①と②のどちらを入れるのが適切ですか。
You cannot be _____ prepared for an important exam.
① too ② so

116 The view from the summit was beyond description.

頂上からの眺めは
言葉では言い表せないものだった。

POINT 否定語を用いずに否定の意味を表す表現——
beyond ...「…できない」など

☑ beyond ...

この文では，beyond description という表現が使われています。直訳すると「説明を超えて」となりますが，これは「説明できない」，つまり**「言葉では表現できない，筆舌に尽くしがたい（くらい素晴らしい）」**という意味を表しています。beyond ...「…できない」は，このほかにも次のように使われます。

〔例〕The explanation was beyond my understanding.
（その説明は私には理解できなかった）

☑ far from ...

not などの**否定語を用いずに否定の意味を表す表現**にはほかにもさまざまなものがあります。far from ... は，直訳すると「…からほど遠い」となります。**「決して…ではない」**という意味の否定表現です。

〔例〕His report was far from satisfactory.
（彼の報告は決して満足のいくものではなかった）

☑ free from ...

free from ... は，直訳すると「…から自由だ，…から解放されている」となります。**「…がない」**という意味の否定表現です。

〔例〕She is optimistic and free from stress.
（彼女は楽観的で，ストレスがない）

Check! 次の文の空所には，①と②のどちらを入れるのが適切ですか。
The difficult technical book was _____ my understanding.
① beyond　　② from

The latest movie by that director, I think, is a masterpiece.

私が思うに,その監督の最新映画は傑作だ。

POINT　**I think「私が思うに」は,文の途中に挿入できる**

☑挿入

　この文では,The latest movie by that director が S, is が V, a masterpiece が C です。I think「私が思うに」という 2 つのコンマに挟まれた部分は,**挿入**と呼ばれます。コンマ以外に,ダッシュやカッコで区切られる場合もあり,挿入によって**説明や注釈などを加える**ことができます。

☑主節の挿入

　117 の例文では,I think という S V が挿入されていますが,これは次のような文を前提にしています。まずは,**117** で挿入されていた I think の部分が,次の文では主節にあたることを確認してください。このように,S V that ... という形になるときの主節(S V)は,文中に挿入することができます。

　〔例〕 主節 <u>I think</u> 従節 <u>(that) the latest movie by that director is a masterpiece.</u>　(その監督の最新映画は傑作だと,私は思う)

☑it seems の挿入

　108 で学んだ It seems that ... もまた,S V that ... の形であり,主節(S V)である It seems の部分を文中に挿入することができます。

　〔例〕 **It seems that the man is honest. ≒ The man, it seems, is honest.**
　(その男性は正直なようだ)

　なお,The man, ×he seems, is honest. という挿入の仕方は誤りです。He seems that ... という形はないため,he seems を挿入することはできません(p.117 参照)。

> **Check!**　次の文の空所には,①と②のどちらを入れるのが適切ですか。
> The woman, _____, is kind.
> ① it seems　② she seems

118

My good friend Amelia seldom, if ever, goes out.

私の親友アメリアは,
するとしてもめったに外出しない。

POINT 　省略を用いた重要表現——if ever「たとえあるとしても」など

☑ if ever

　この文では，My good friend Amelia が S，goes out が V です。また，挿入されている **if ever は「たとえあるとしても」**という意味です。これはもともと，if she (=Amelia) ever goes out「たとえ彼女（＝アメリア）が外出することがあるとしても」という表現の一部を**省略**したものです。なお，if ever は「めったに…ない」という意味の seldom や rarely とセットで使われます。

☑ if any

　同じような使い方をする表現には **if any「たとえあるとしても」**があります。

　〔例〕 **There is little, if any, hope of his recovery.**
　　　　（彼の回復の見込みは，たとえあるとしてもほとんどない）

　これはもともと，if there is any hope of his recovery「たとえ彼の回復の見込みがあるとしても」という表現の一部を**省略**したものです。なお，if any は「ほとんど…ない」という意味の few や little とセットで使われます。

☑ if possible

　if possible「できたら」や **if necessary「必要なら」**もまた，if it is possible や if it is necessary の一部を**省略**した表現としてよく使われます。

　〔例〕 **I'll come if possible.** 　（行けたら行くよ）
　〔例〕 **I'll sing if necessary.** 　（必要なら歌うよ）

Check! 　次の文の空所には，①と②のどちらを入れるのが適切ですか。
The monkey rarely, if _____, appears when people are around.
① ever 　② any

119

I lost my favorite pen, but I've found it.

私はお気に入りのペンをなくしたが,
それを見つけた。

POINT 〈the＋名詞〉はit, 〈a＋名詞〉はoneで表す

☑ 〈the + 名詞〉= it

この文では, **代名詞it**が使われています。代名詞itは, すでに話題にのぼった**特定の名詞**の代わりに使います。別の言い方をすると, itは〈the + 名詞〉「その名詞」の代わりに使います。次のような文のthe pen「そのペン」の代わりに使うのがitで, 「私がなくしたそのペン」という特定のペンを表すことができます。

〔例〕I lost my favorite pen, but I've found the pen.
（私はお気に入りのペンをなくしたが, そのペンを見つけた）

☑ 〈a + 名詞〉= one

itと混同しやすい代名詞にoneがあります。**代名詞one**は**不特定の名詞**の代わりに使います。別の言い方をすると, oneは〈a [an] + 名詞〉「とある名詞」の代わりに使います。次の例文の代名詞oneは, the pen「私がなくしたそのペン」ではなく, a pen「とある1本のペン」という不特定のペンを表しています。

〔例〕I lost my pen, so I bought one. ≒
I lost my pen, so I bought a pen. （ペンをなくしたので, 1本買った）

☑ oneは可算名詞の単数形の代わり

代名詞oneは「とある1つのもの」という意味を含んでおり, **可算名詞の単数形の代わり**に使います。不可算名詞の代わりには使えない点に注意しましょう。

〔例〕There was little milk left, so I bought one. ＊milkは不可算名詞なので
（牛乳が残り少なくなったので, 私はそれを買った） someなどを使う

Check! 次の文の空所には, ①と②のどちらを入れるのが適切ですか。
I saw a dog. I liked _____ very much.
① it ② one

120

Sakura has two cats. One is gray, and the other is brown.

サクラは2匹のネコを飼っている。
1匹は灰色で,もう1匹は茶色だ。

POINT oneは「一方」,the otherは「もう一方」の意味を表す

☑ the other は「もう一方」

　この文では,代名詞one と the other がセットで使われています。2匹いるネコのうち,one は one cat「1匹のネコ」, the other は the other cat「もう1匹のネコ」を表しています。このように,<u>one は「一方」, the other は「もう一方」</u>の意味を表すことができます。

☑ the がつくと「残り全部」の意味を表す

　120の例文ではother の前にthe がついています。これは,<u>「残り全部」</u>という意味を表します。次の例文では,3匹飼っているネコのうち1匹が灰色で,「残り全部＝2匹」が茶色であることを表しています。

　〔例〕 Haruto has three cats. One is gray, and <u>the others</u> are brown.
　　　　(ハルトは3匹のネコを飼っている。1匹は灰色で,残りは茶色だ)

☑ the other と the others

　<u>the other は単数名詞, the others は複数名詞の代わり</u>に使います。ですから,次のイラストのように,「残り全部」が1匹のときにはthe other を,「残り全部」が2匹以上のときにはthe others を使います。

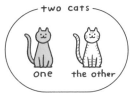
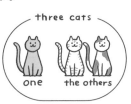

Check! 次の文の空所には,①と②のどちらを入れるのが適切ですか。
I have two pens. One is blue, and _____ is green.
① the other　② the others

121

The average temperature of Japan is higher than that of Sweden.

日本の平均気温は,スウェーデンよりも高い。

POINT 〈the+名詞〉はthat,〈the+複数名詞〉はthoseで表す

☑ 〈the + 名詞〉= that

この文では,the average temperature of Japan（日本の平均気温）と,that of Sweden（スウェーデンのそれ）が比較されています。that は代名詞で,the average temperatureの代わりに用いられています。このように,前に述べた名詞を再び使う際は,繰り返しを避けるため,**代名詞that**に置き換えます。なお,it は修飾することができない代名詞であるため,The average temperature of Japan is higher than it of Sweden. は誤りの形です。

☑ 〈the + 複数名詞〉= those

前に述べた名詞が複数名詞の場合,繰り返しを避けるために用いる**代名詞はthose**です。次の文では,複数名詞shoesが,thanの後ろではthoseに置き換えられています。

〔例〕 These shoes fit me better than those I bought last month.
（この靴は,先月買ったものよりもサイズが私に合っている）

☑ thatは可算名詞の単数形と不可算名詞の代わり

代名詞oneとは異なり,代名詞that は**可算名詞の単数形だけでなく不可算名詞の代わり**としても用いることができます。

〔例〕 The bread from the new bakery is better than that from the old one.
（新しいベーカリーのパンは,古いベーカリーのパンよりもおいしい）

Check! 次の文の空所には,①と②のどちらを入れるのが適切ですか。
The climate here is milder than _____ there.
① that　　② those

122

There are various kinds of people. Some like dogs, and others like cats.

さまざまな種類の人がいる。
犬が好きな人もいれば,ネコが好きな人もいる。

POINT　some ... others 〜は,「…なものもいれば, 〜なものもいる」の意味を表す

☑ some ... others 〜

この文では, some と others が対比される形で使われています。この some と others はどちらも代名詞であり, some は some people「一部の人々」, others は other people「ほかの人々」を表しています。このように, <u>some ... others 〜の 形で「…なものもいれば, 〜なものもいる」</u>という意味を表すことができます。

☑ others と the others

some ... others 〜「…なものもいれば, 〜なものもいる」と言うとき, others は some 以外のすべての人々を表しているわけではありません。代名詞 the others が「残り全部」の意味を表す(p.129参照)のとは異なる点に注意しましょう。

〔例〕Luke has three T-shirts. One is blue, and <u>the others</u> are yellow.
　　　(ルークは3枚のTシャツを持っている。1枚は青色で, 残りは黄色だ)

☑ one と another

one と another が対比的に使われることもあります。

〔例〕Studying is <u>one thing</u>, and teaching is <u>another</u>.
　　　(勉強することと教えることは別物だ)

この another は「別のもの」という意味の代名詞であり, 1語で another thing 「別の1つのもの」のことを表しています。<u>one thing ... another 〜の形で「… と〜は別のことだ」</u>という意味を表すことができます。

Check!
次の文の空所には,①と②のどちらを入れるのが適切ですか。
There are a lot of flowers here. Some are white, and _____ are red.
① another　　② others

123

Most of the residents on the island know each other.

その島の住民のほとんどはお互いに知り合いだ。

POINT　〈**most of the+複数名詞**〉は，「…のうちのほとんど」の意味を表す

☑〈most of the + 複数名詞〉

この文では，mostという代名詞が使われています。mostは「ほとんど」という意味で，〈most of the + 複数名詞〉の形で「…のうちのほとんど」という意味を表すことができます。each otherもまた代名詞です。「お互いに」という意味で，この文ではknowの目的語のはたらきをしています。なお，〈most + 複数名詞〉の形を用いたmost residents「ほとんどの住民」という表現もあります。〈most + 複数名詞〉は，漠然と「ほとんどの…」という意味を表します。

☑ofは「…のうち」

〈most of the + 複数名詞〉という表現では，ofは「…のうち，…から選び出して」の意味を持ちます。特定のものの中から選び出すため，特定のtheがついています。また，複数の中から選び出していますから，名詞は複数形にします。

☑all / each / both / either / neither / one / some

次の例文には，〈most of the + 複数名詞〉と似た形が使われています。

［例］I like <u>both of the T-shirts</u>.　（そのTシャツの両方が好きだ）

［例］I like <u>neither of the T-shirts</u>.　（そのTシャツのどちらも好きではない）

〈all [each / both / either / neither / one / some] of the + 複数名詞〉の形で「…のうちのすべて［それぞれ／両方／どちらか／どちらも…ない／1つ／いくつか］」という意味を表すことができます。

Check!　次の文の空所には，①と②のどちらを入れるのが適切ですか。

_____ of the flowers here are roses.

① Most　　② Almost

124

Luca had nothing to do with the accident.

ルカはその事故と全く関係がなかった。

POINT | 代名詞を用いた重要表現──
have nothing to do with A「Aと全く関係がない」など

☑ have nothing to do with A

この文では，代名詞nothingを用いた **have nothing to do with A「Aと全く関係がない」** という表現が使われています。これは **have to do with A「Aと関係がある」** を前提とした表現です。haveの目的語の位置に代名詞nothingを置くことで，関係が全くないという**「関係性の程度」**を表しています。

☑ 関係性の程度の表し方

124の例文のnothingの位置に次のような代名詞を置くことで，さまざまな「関係性の程度」を表すことができます。

> ▶ have much to do with A「Aと大いに関係がある」
> ▶ have something to do with A「Aと何らかの関係がある」
> ▶ have little to do with A「Aとほとんど関係がない」

☑ There is something ... about A

There is something ... about A「Aには…なところがある」もまた，重要な表現です。somethingの部分にnothingを使うと否定の意味になります。

〔例〕 **There is something unique about his way of talking.**
　　　（彼の話し方には独特なところがある）

〔例〕 **There is nothing unique about his way of talking.**
　　　（彼の話し方に独特なところはない）

次の文の空所には，①と②のどちらを入れるのが適切ですか。
You should ask him about the project. He has _____ to do with it.
① something　② nothing

125

Nelly started living by herself this spring.

ネリーはこの春から一人暮らしを始めた。

POINT　再帰代名詞を用いた重要表現——
by *oneself*「1人で, 独力で」など

☑ by *oneself*

　この文では, by *oneself*「1人で, 独力で」という表現が使われています。**live by *oneself*で「一人暮らしをする」**という意味の決まり文句で, oneselfの部分は文の主語に応じて変化します。単数のときは, myself / yourself / himself / herself / itself, 複数のときはourselves / yourselves / themselvesが入ります。このように, 主語を受ける代名詞*oneself*のことを**再帰代名詞**と言います。

☑ help *oneself* to A

　help *oneself* to A「Aを自由にとって食べる」という表現も再帰代名詞を用いた重要表現です。例文を使って確認しておきましょう。

　〔例〕 Help yourself to the sandwiches.
　　　（サンドウィッチをご自由にお召しあがりください）

☑ 再帰代名詞を用いたその他の重要表現

　再帰代名詞を用いた重要表現はほかにもあります。まとめて確認しましょう。

▶ beside *oneself*	「我を忘れて」
▶ between ourselves	「ここだけの話だが」
▶ for *oneself*	「自分のために, 独力で」
▶ in itself	「それ自体」
▶ in spite of *oneself*	「意に反して」

Check!　次の文の空所には, ①と②のどちらを入れるのが適切ですか。
They reached the summit _____.
① by itself　② by themselves

126 There is little furniture in Kenta's room.

ケンタの部屋にはほとんど家具がない。

POINT 不可算名詞は複数形にせず，「多い」「少ない」を表現する際は littleなどで表す

☑ 不可算名詞

この文では，furniture（家具）という不可算名詞が使われています。家具と一口に言っても，机やテーブル，食器棚，いすなど，さまざまなものがありますが，これらをひとまとめにしてfurnitureと言います。<u>不可算名詞</u>とは，**数えられない名詞**のことです。可算名詞と異なり，不可算名詞には**a [an]をつけることができず，複数形にすることもできません**。また，「多い」「少ない」を表現する際に，可算名詞の場合は<u>few</u>や<u>many</u>や<u>a lot of</u>を用いますが，不可算名詞の場合は<u>little</u>や<u>much</u>や<u>a lot of</u>を用います。

☑ a piece of ...

数えられない名詞を「数える」ときもあり，多くの場合，pieceを用います。

[例] I bought <u>a piece of</u> furniture.　（私は家具を１つ買った）

[例] I bought <u>two pieces of</u> furniture.　（私は家具を２つ買った）

☑ 不可算名詞の種類

不可算名詞は，①**物質名詞**（waterなど），②**抽象名詞**（loveなど），③**固有名詞**（Tokyoなど），④**集合名詞の一部**のように分類できます。以下に挙げた④に分類される名詞は特に，意識して覚えておきましょう。

> ▶advice「忠告」　▶evidence「証拠」　▶furniture「家具」　▶information「情報」
> ▶homework「宿題」　▶work「仕事」

Check! 次の文の空所には，①と②のどちらを入れるのが適切ですか。
He has a lot of _____ in his room.
① furnitures　　② furniture

127

We have to change trains at Shinjuku Station.

私たちは新宿駅で電車を乗り換える必要がある。

POINT 常に複数形の名詞を用いる表現——
change trains「電車を乗り換える」など

☑ 常に複数形の名詞を用いる表現

この文では，train（電車）が複数形のtrainsという形になっています。これは，電車を乗り換える際には「乗って来た電車」と「これから乗る電車」という2つの電車があるからです。何かを**交換する**ときには，常に2つのものが必要であると考えると理解しやすいでしょう。ちなみに「**バスを乗り換える**」はchange buses，「**飛行機を乗り換える**」はchange planesです。

☑ その他の重要名詞

同じような発想から，常に複数形を用いる表現はほかにもあります。

▶make friends with ...	「…と友達になる」
▶shake hands with ...	「…と握手をする」
▶take turns *doing*	「交替で…する」

☑ 〈a pair of ＋複数名詞〉

常に対になっていることから〈a pair of ＋複数名詞〉の形で用いる名詞もあります。

［例］**He bought a pair of shoes.** （彼は靴を1足買った）

対をなす2つの部分からなるものは，常に複数形で使われます。このような使い方をする名詞はほかにもいくつかありますから，この機会に覚えておきましょう。

▶glasses「メガネ」 ▶scissors「ハサミ」 ▶socks「靴下」 ▶trousers「ズボン」

Check! 次の文の空所には，①と②のどちらを入れるのが適切ですか。

They changed _____ at Haneda Airport.

① planes ② plane

128 The number of bears is increasing around here.

このあたりでは,クマの数が増えている。

POINT 〈the number of+複数名詞〉は,「…の数」の意味を表す

☑〈the number of + 複数名詞〉

この文では, S が The number of bears, V が is increasing です。**〈the number of + 複数名詞〉**は,「**…の数**」を表す表現です。このとき, the number of bears（クマの数）の**意味の中心は,「クマ」ではなく「数」の部分**にあります。そのため, 単数名詞の the number に対応する is increasing が V の位置に来ています。

☑〈a number of + 複数名詞〉

形が似た表現に, **〈a number of + 複数名詞〉「たくさんの…」**があります。

［例］ **A number of bears are seen around here.**
　　　（このあたりではたくさんのクマが見られる）

〈the number of + 複数名詞〉「…の数」という表現とは異なり, a number of bears（たくさんのクマ）の**意味の中心は,「数」ではなく「クマ」の部分**にあります。ですから, 複数名詞の bears に対応する are seen が V の位置に来ています。

☑ a kind of ...

〈a number of + 複数名詞〉「たくさんの…」のように, A of B の形を「B の A」ではなく「A の B」というように前から訳す表現はほかにもあります。

▶a kind [sort / type] of ...	「ある種の…」
▶a series [set] of ...	「一連の…」
▶a variety [range] of ...	「さまざまな…」

Check! 次の文の空所には,①と②のどちらを入れるのが適切ですか。
_____ number of wolves is decreasing in the park.
① A　② The

129

The baby looked its mother in the eye.

赤ちゃんは母親の目をじっと見た。

POINT | 冠詞のtheを用いた重要表現――
look A in the eye「Aをじっと見る」など

☑ 冠詞の the を用いて人の身体に対する動作を表す表現

この文では，look A in the eye(s) という表現が使われています。look A in the face もまた同じ意味の表現で，これらは「Aをじっと見る，Aをまともに見る」という意味を表します。このように，〈動詞＋人＋前置詞＋ the ＋身体の一部〉の形で，人の身体に対する動作を表すことができます。

☑ その他の重要表現

この形のポイントは冠詞のtheを使うところです。〈動詞＋人＋前置詞＋ the ＋身体の一部〉の形を使った表現をいくつか確認しておきましょう。

〔例〕 The baby caught its mother by the arm.
（赤ちゃんは母親の腕をつかんだ）

〔例〕 The mother kissed her baby on the forehead.
（母親は赤ちゃんのひたいにキスをした）

☑ 〈by the ＋単位〉

最後にもう１つ，冠詞のtheを用いた重要表現を確認しておきましょう。〈by the ＋単位〉は，「…単位で，…いくらで」という意味の表現です。

〔例〕 The meat is sold by the pound. （その肉はポンド単位で売られている）

〔例〕 He gets paid by the hour. （彼は時給制で給料をもらっている）

Check! 次の文の空所には，①と②のどちらを入れるのが適切ですか。
Look me in ＿＿＿ eyes and talk to me.
① the　② my

130 Lei let me know her present address.

レイは私に現在の住所を教えてくれた。

POINT 形容詞には名詞を修飾する限定用法と，文のCになる叙述用法がある

☑ 形容詞の限定用法

　この文では，present（現在の）という形容詞が使われており，名詞address（住所）を修飾しています。このように，形容詞には**名詞を修飾する**はたらきがあります。このような形容詞の使い方を**形容詞の限定用法**と言います。

☑ 形容詞の叙述用法

　present という形容詞は，文の中で**Cとして用いる**こともできます。

　〔例〕**She was present at the meeting.** （彼女は会議に出席していた）

　この文では，present は「出席している」という意味で使われています。このように，形容詞が**文の補語になる**使い方を**形容詞の叙述用法**と言います。

☑ 原則として叙述用法のみで用いられる形容詞

　多くの形容詞が限定用法と叙述用法の両方で用いられます。どちらの用法で用いられても意味が異ならないものがほとんどですが，present のように用法によって意味が異なる形容詞もあります。さらに，どちらかの用法でしか用いられない形容詞もあります。**原則として叙述用法のみで用いられる重要な形容詞**をざっと確認しておきましょう。

> ▶afraid「恐れて」　▶alike「同様で，よく似て」　▶alive「生存して」
> ▶alone「ひとりで」　▶asleep「眠って」　▶awake「目覚めて」
> ▶aware「知って，気づいて」

Check! 下線部の意味として正しいものは，①と②のどちらですか。
Tell me the present situation.
① 現在の　　② 出席している

131

The news was surprising to me.

その知らせは私にとって驚きだった。

✓ 分詞形容詞

　この文では，surprising（驚くべき）という形容詞が使われています。これは，surprise「…を驚かす」という動詞の現在分詞surprising「驚かせるような」が形容詞化したものです。このような形容詞を**分詞形容詞**と言います。

✓ surprising と surprised

　似たような形容詞にsurprised「驚いた」があります。これは，surprise「…を驚かす」という動詞の過去分詞surprised「驚かされる」が元になった分詞形容詞です。主語や修飾される名詞と分詞形容詞の間に**能動関係があればsurprising，受動関係があればsurprised**を用います。次の例文では，「私」が「驚かされる」という受動関係が成り立つため，surprisedを用いています。

　〔例〕I was surprised at the news.　（私はその知らせに驚いた）

✓ 感情を表す分詞形容詞

　感情を表す動詞はそのほとんどが，surprise「…を驚かす，…びっくりさせる」のように「…させる」という意味を持ちます。そのため，感情を表したいときは，「…させられる」という受け身の意味を含んだ過去分詞の形にする必要があります。頻出の形を確認しておきましょう。

> ▶boring「退屈させるような」　▶bored「退屈した」
> ▶exciting「わくわくさせるような」　▶excited「わくわくした」
> ▶disappointing「がっかりさせるような」　▶disappointed「がっかりした」

Check!　次の文の空所には，①と②のどちらを入れるのが適切ですか。

The lecture was _____.

① boring　　② bored

132

Call me when it is convenient for you.

都合のよいときに電話をしてください。

POINT 　**人を主語にとらない形容詞——**
convenient「都合がよい, 便利な」など

☑ convenientは人を主語にとらない

　この文では, convenient（都合がよい, 便利な）という形容詞が使われています。また,「あなたにとって都合がよい」という意味を表すために, it is convenient for you という表現が使われています。このとき, 同じ意味を表すために ×you are convenient という表現を使うことはできません。それは, convenient が**人を主語にとらない形容詞**だからです。

☑ possibleも人を主語にとらない

　possible「可能な, 可能で, 可能性がある」も人を主語にとらない形容詞です。「S（人）は…できる」という意味を表したいとき, ×S is possible to *do* という形を使うことはできません。人を主語にしたいときは, 次のような形で表します。

〔例〕 She was able to get a high score on the test. ≒
　　 It was possible for her to get a high score on the test.
　　 （彼女はテストで高い点数を取ることができた）

☑ necessaryも人を主語にとらない

　necessary「必要な」もまた, 同様です。「S（人）は…する必要がある」という意味を表したいとき, ×S is necessary to *do* という形を使うことはできません。人を主語にしたいときは, 次のような形で表します。

〔例〕 He needs to go there. ≒ It is necessary for him to go there.
　　 （彼はそこに行く必要がある）

Check! 　次の文の空所には、①と②のどちらを入れるのが適切ですか。
　　 _____ is necessary to wait for an hour.
　　 ① He　　② It

133 The singer shouted to the large audience.

その歌手は,大勢の観衆に向かって叫んだ。

POINT manyやfewではなく,largeやsmallで数量を表す形容詞に注意する

✓ audienceの「多い」「少ない」を表す形容詞

この文では,audience（観衆）という名詞が使われています。また,audience が多いことを表すために,形容詞**large**を用いています。逆にaudienceが少ないことを表したい場合は,形容詞**small**を用います。このとき,**manyやfewは原則として使わない**ことに注意しましょう。

［例］The singer sang sincerely for the small audience.
（その歌手は少ない観衆のために心を込めて歌った）

✓ numberの「多い」「少ない」を表す形容詞

同じような使い方をする名詞にnumberがあります。

［例］A large [small] number of tourists came to the festival.
（多くの［少しの］観光客が祭りにやって来た）

✓「多い」「少ない」を表すのにlarge / smallを使う名詞

「多い」をlarge,「少ない」をsmallで表す名詞はほかにもあります。まとめてざっと確認しておきましょう。これらは**基本的に集合的な意味を持つもの**です。それぞれの構成要素ではなく全体をひとかたまりとして見ているため,かたまり全体がlarge「大きい」かsmall「小さい」かで表すと考えるとよいでしょう。

> ▶ amount「量」　▶ crowd「群衆」　▶ income「収入」　▶ population「人口」
> ▶ salary「給料」　▶ sum「金額, 総額」

［例］He received a large income last month.（彼は先月, 大きな収入を得た）

Check! 次の文の空所には,①と②のどちらを入れるのが適切ですか。
The population of India is very _____.
① large　② many

134 Kelly almost dropped her smartphone in the pond.

ケリーはもう少しで
スマホを池に落とすところだった。

POINT 副詞は名詞以外（動詞や形容詞や副詞など）を修飾する

☑ 副詞による動詞の修飾

　この文では，KellyがS，droppedがV，her smartphoneがCです。dropは「…を落とす」という意味の動詞で，この文のVであるdroppedを副詞almostが修飾しています。このように，**副詞は「動詞」を修飾する**ことができます。almostは「もう少しで」という意味を持つ副詞です。ですから，この例文は，「実際にはケリーはスマホを池に落とさなかった」ということを表しています。

☑ 副詞による形容詞の修飾

　副詞は「形容詞」を修飾することもできます。次の例文では，almostがunbelievable「信じられない」という形容詞を修飾しています。

　〔例〕 The news was almost unbelievable.
　　　　（その知らせはほぼ信じられなかった）

☑ 副詞による副詞の修飾

　副詞は「副詞」を修飾することもできます。次の例文では，almostがalways「いつも，常に」という副詞を修飾しています。

　〔例〕 She almost always goes to church on Sundays.
　　　　（彼女は日曜日にほぼ決まって教会に行く）

　副詞は，動詞や形容詞，副詞以外にも，句や節，文全体を修飾することもありますが，まずは，**形容詞に名詞を修飾するはたらきがあるのに対し，副詞は原則として名詞以外を修飾する**ということを確認しておきましょう。

Check! 下線部の意味として正しいものは，①と②のどちらですか。
He almost missed the train.
① 乗り遅れた　　② 乗り遅れそうになった

135 The woman in red is Kana.

赤い服を着ている女性がカナです。

POINT 〈前置詞＋名詞〉からなる前置詞句は，形容詞や副詞のはたらきをする

☑ 形容詞のはたらきをする前置詞句

この文では，〈前置詞＋名詞〉のカタマリ（前置詞句）の in red が使われています。in red は「赤い服の，赤い服を着た」という「着用」の in を用いた表現で，The woman という名詞を修飾するはたらきをしています。このように，**前置詞句には名詞を修飾する，形容詞のはたらき**があります。なお，形容詞のはたらきをする前置詞句は，**必ず後ろから前の名詞を修飾**します。

☑ 副詞のはたらきをする前置詞句

前置詞句は副詞のはたらきをすることもあります。次の例文では，前置詞句 in the museum が there are ... items を修飾しています。このように，**副詞のはたらきをする前置詞句は，後ろからも前からも修飾することが可能**です。

〔例〕 There are a lot of precious items in the museum. ≒
In the museum, there are a lot of precious items.
（その博物館にはたくさんの貴重な物品がある）

☑ はたらきは文脈から判断する

次の例文の前置詞句は形容詞と副詞どちらのはたらきをしているでしょうか。

〔例〕 You can eat ice cream in this room.

実は，どちらも正解です。それは，どちらも自然な意味になりうるからです。形容詞と考えると「この部屋のアイスを食べてよい」，副詞と考えると「この部屋でアイスを食べてよい」となります。文脈等から自然なほうを選びましょう。

Check! 次の文の下線部は，①と②のどちらのはたらきをしていると考えるのが自然ですか。
Look at the cat in the box.　　① 形容詞　　② 副詞

136

Despite its small size, the forest has a lot of living species in it.

その小ささにもかかわらず，
その森は多くの生物種を抱えている。

POINT 　前置詞のあとには名詞（句）が，従属接続詞のあとにはSVの形
が続く

☑〈despite ＋名詞〉

　この文では，despite its small size という前置詞句が使われています。**despite
は「…にもかかわらず」という意味の前置詞**ですから，その後ろには its small
size（その小さい規模＝その小ささ）という名詞が来ています。

☑〈although ＋ S V〉

　136の例文と同様の意味は，although [though] を用いて表すこともできます。
although [though] は「…にもかかわらず」という意味の従属接続詞ですから，
その後ろにはSVの形が続きます。

　〔例〕**Although it is small, the forest has a lot of living species in it.**
　　　（小さいにもかかわらず，その森は多くの生物種を抱えている）

☑ 前置詞と従属接続詞

　前置詞と従属接続詞の違いは，**前置詞は後ろに名詞が来るのに対し，従属接
続詞はＳＶが来る**という点です。despite と although [though] のように，同じ
ような意味であるにもかかわらず後ろの形が異なるものについてまとめて確認し
ておきましょう。

前置詞	従属接続詞	意味
by ＋名詞	by the time ＋ S V	「…までに」
during ＋名詞	while ＋ S V	「…間」
because of ＋名詞	because ＋ S V	「…ので」

Check! 次の文の空所には，①と②のどちらを入れるのが適切ですか。
The game was called off _____ the rain.
① because　　② because of

137

Environmental problems are of importance to us.

環境問題は私たちにとって重要だ。

POINT 〈of+抽象名詞〉は形容詞，〈with+抽象名詞〉は副詞の代わりをする

☑ of importance = important

この文では，Environmental problems が S，are が V，of importance が C です。この of は「性質」を表し，「…（という性質）を持つ」という意味を表しています。「環境問題は私たちにとって重要性を持つ」が直訳であり，Environmental problems are important to us. のように書き換えることもできます。

☑〈of +抽象名詞〉=形容詞

〈of +抽象名詞〉=形容詞という関係は，多くの場合に成り立ちます。of importance = important「重要な」もその一例ですが，特に重要なものについて意味を確認しておきましょう。なお，抽象名詞とは，形のない漠然とした概念などを表す名詞のことを言います。

> ▶ of help = helpful「役に立つ」　▶ of use = useful「役に立つ」
> ▶ of value = valuable「価値がある」　▶ of worth = worthy「価値がある」

☑〈with +抽象名詞〉=副詞

これと一緒に押さえておきたい関係に，〈with +抽象名詞〉=副詞があります。

[例] He was able to lift the box with ease [easily].
　　（彼は容易に箱を持ち上げることができた）

with ease = easily「容易に」以外の例も，いくつか確認しておきましょう。

> ▶ with care = carefully「注意深く」　▶ with efficiency = efficiently「効率的に」
> ▶ with fluency = fluently「流ちょうに」　▶ with kindness = kindly「優しく」

Check! 次の文の下線部と同じ意味のものは，①と②のどちらですか。

The book is of use.

① useful　② usefully

138 Sea turtles lay a lot of eggs at one time.

ウミガメは一度にたくさんの卵を産む。

POINT 他動詞layと自動詞lieを区別する

☑ 他動詞 lay

　この文では，Sea turtlesがS，layがV，a lot of eggsがOです。このlayは他動詞layの現在形であり，lay Oの形で「Oを産む」「Oを置く」「Oを横たえる」という意味を表すことができます。活用形はlay – laid – laid です。

☑ 自動詞 lie

　他動詞のlayとまぎらわしいのが自動詞のlieです。自動詞のlieは「ある，いる」「横になる」という意味で，lie – lay – lain と活用します。また，「うそをつく」という意味の自動詞lieもありますが，その場合はlie – lied – lied と活用します。混同しないよう，これらの意味と活用形をまとめて押さえておきましょう。

　〔例〕 She lay on the sofa. （彼女はソファで横になった）
　〔例〕 He lied to us. （彼は私たちにうそをついた）

☑ 他動詞 raise と自動詞 rise

　raiseとriseもまた，まぎらわしい動詞です。他動詞raiseはraise Oの形で「Oを上げる」「Oを育てる」という意味を表し，raise – raised – raised と活用します。一方で自動詞riseは「上がる」「生じる」という意味で，rise – rose – risen と活用します。

　〔例〕 Raise your hand. （手を挙げてください）
　〔例〕 The sea level rose gradually. （海水面が徐々に上昇した）

Check! 次の文の空所には，①と②のどちらを入れるのが適切ですか。

The woman _____ her bag on the chair just then.

① lay　② laid

139

The ministers discussed environmental issues at the conference.

大臣たちは会議で環境問題について話し合った。

POINT 前置詞がいる動詞といらない動詞に注意する

☑ 注意すべき他動詞discuss

この文では，The ministers が S，discussed が V，environmental issues が O です。discuss は他動詞であり，**discuss O の形で「O について話し合う，O について議論する」**という意味を表します。discuss には自動詞としての用法はありません。「…について」という日本語訳につられて，discuss の後ろに about をつけないよう注意が必要です。

☑ 注意すべき他動詞

日本語の意味から考えると自動詞のように見えてしまう他動詞は discuss だけではありません。注意が必要な他動詞をまとめて確認しておきましょう。

▶ marry O「O と結婚する」　▶ mention O「O について言及する」
▶ reach O「O に到達する」　▶ resemble O「O と似ている」

〔例〕**She married her childhood friend last year.**
（彼女は昨年，幼なじみと結婚した）

☑ 注意すべき自動詞

逆に，日本語で考えると他動詞のように見えてしまう自動詞もあります。前置詞を置き忘れないように注意しましょう。

▶ agree with A「A に賛成する」　▶ arrive at A「A に到着する」
▶ object to A「A に反対する」　▶ return to A「A に戻る」

〔例〕**He objected to the plan.**　（彼はその計画に反対した）

Check! 次の文の空所には，①と②のどちらを入れるのが適切ですか。
The student _____ the problem yesterday.
① mentioned　② mentioned about

140 Ethan talked with his friends about the upcoming concert.

イーサンは友人たちと
次のコンサートについて話した。

POINT 「話す」系の重要表現——
〈talk with+人+about A〉, say O, tell O₁ O₂ など

☑ 〈talk with + 人 + about A〉

この文では，動詞talkを用いた〈talk with + 人 + about A〉の形が使われています。動詞speakを用いた〈speak with + 人 + about A〉もまた同じような意味の表現で，これらは「人とAについて話す」という意味を表します。

〔例〕Ethan spoke with his friends about the upcoming concert.

talkとspeakは原則として自動詞として使われます。自動詞として使われるときは，話すという「**行為**」に**重点**が置かれます。

☑ say O

似たような意味で使われる動詞にsay「…を言う」があります。sayは原則として他動詞として使われ，**say O の形で「Oを言う」**という意味を表すことができます。他動詞として使われるときは，話す「**内容**」に**重点**が置かれます。

〔例〕She said thank you and smiled.（彼女はありがとうと言ってほほえんだ）

☑ tell O₁ O₂

tellもまた原則として他動詞として使われる動詞です。話す「**内容**」に**重点**が置かれ，**tell O₁ O₂ の形で「O₁にO₂を言う」**という意味を表すことができます。また，**tell O to do の形で「Oに…するよう言う」**という意味を表せます。

〔例〕He told us the truth. （彼は私たちに真実を伝えた）

〔例〕He told us to tell the truth. （彼は私たちに真実を伝えるよう言った）

Check! 次の文の空所には、①と②のどちらを入れるのが適切ですか。
The player talked ＿＿＿＿ about the last game.
① the coach　　② with the coach

141

The hotel clerk explained to him that the restaurant was closed.

ホテルの従業員は彼に,
レストランは閉まっていると説明した。

POINT 〈explain to+人+that ...〉は,
「人に…と説明する」の意味を表す

✓〈explain to + 人 + that ...〉

この文では, 動詞explainを用いた〈explain to + 人 + that ...〉の形が使われています。**伝達相手を表すのに〈to + 人〉という形を使う**のがポイントで,「**人に…と説明する**」という意味を表します。

✓〈explain to + 人 + that ...〉型のさまざまな動詞

似たような形で使われる動詞にsuggest「…を提案する」があります。〈suggest to + 人 + that ...〉の形で「**人に…と提案する**」という意味を表すことができます。admit「…を認める」, complain「…と不満を述べる」, confess「…を告白する」, propose「…を提案する」も同様の形をとります。

[例] She suggested to him that he should go to the dentist.
（彼女は彼に, 歯医者に行くべきだと提案した）

✓〈tell + 人 + that ...〉型のさまざまな動詞

explain型の動詞と異なる使い方をするのが, tell型の動詞です。**人の前にtoを置かない**のがポイントで,〈tell + 人 + that ...〉の形で「**人に…と言う**」という意味を表すことができます。convince「…を納得させる」, notify「…を通知する」, remind「…を思い出させる」, persuade「…と説得する」も同様の形をとります。

[例] She told him that he should go to the dentist.
（彼女は彼に, 歯医者に行くべきだと言った）

Check! 次の文の空所には, ①と②のどちらを入れるのが適切ですか。
The manager explained _____ that the new strategy would work.

① to the team   ② the team

142

The bad weather prevented us from observing the solar eclipse.

悪天候は,私たちが日食を観測するのを妨げた。

POINT
「分離」の意味をもつfromとセットになる動詞——
prevent, banなど

☑ prevent O from *doing*

　この文では，動詞preventと前置詞fromがセットで使われています。このように，**prevent O from *doing*の形で「Oが…するのを妨げる」**という意味を表すことができます。同様の意味は，動詞keepと前置詞fromのセットを用いて表すこともできます。

　〔例〕The bad weather kept us from observing the solar eclipse.

☑ ban O from *doing*

　似たような形で使われる動詞にban「…を禁止する」があります。**ban O from *doing*の形で「Oが…するのを禁止する」**という意味を表すことができます。

　〔例〕The city banned people from entering the building.
　　　　（市は人々がその建物に入ることを禁止した）

☑ prevent O from *doing*型のさまざまな動詞

　prevent O from *doing*と同じ形をとる動詞には，ほかにもさまざまなものがあります。**fromには「分離」の意味が含まれている**ため，**原則として「Oに…させない」という意味を持つ**と考えると知識を整理しやすいでしょう。

▶ discourage O from *doing*	「Oに…する気をなくさせる」
▶ prohibit O from *doing*	「Oが…するのを禁止する」
▶ stop O from *doing*	「Oが…するのを止める」

Check! 次の文の空所には,①と②のどちらを入れるのが適切ですか。
The heavy snow prevented the train _____ arriving on time.
① from　② with

143 The magician turned a handkerchief into a white pigeon.

そのマジシャンはハンカチを白いハトに変えた。

POINT 「変化」の意味をもつintoとセットになる動詞——
turn, translateなど

☑ turn A into B

この文では，動詞turnと前置詞intoがセットで使われています。このように，turn A into Bの形で「AをBに変える」という意味を表すことができます。同様の意味は，動詞changeと前置詞intoのセットを用いて表すこともできます。

〔例〕 The magician changed a handkerchief into a white pigeon.

☑ translate A into B

似たような形で使われる動詞にtranslate「…を翻訳する」があります。translate A into Bの形で「AをBに翻訳する」という意味を表すことができます。

〔例〕 The interpreter translated English into Japanese.
（通訳は英語を日本語に翻訳した）

☑ translate A into B型のさまざまな動詞

translate A into Bと同じ形をとる動詞には，ほかにもさまざまなものがあります。intoには「変化」の意味が含まれているため，原則として「AをBに変える」という意味を持つと考えると知識を整理しやすいでしょう。

▶ convert A into B	「AをBに変換する」
▶ divide A into B	「AをBに分割する」
▶ make A into B	「AからBを作る」
▶ transform A into B	「AをBに変える」

Check! 次の文の空所には，①と②のどちらを入れるのが適切ですか。
The city changed the building _____ the city hall.
① into ② between

144 Assumptions deprived us of flexible thinking.

思い込みが我々から柔軟な思考を奪った。

POINT 「分離」の意味をもつofとセットになる動詞——
deprive, ridなど

☑ deprive A of B

この文では，動詞depriveと前置詞ofがセットで使われています。このように，deprive A of Bの形で「AからBを奪う」という意味を表すことができます。同様の意味は，動詞robと前置詞ofのセットを用いて表すこともできます。

〔例〕Assumptions robbed us of flexible thinking.

☑ rid A of B

似たような形で使われる動詞にrid「…を取り除く」があります。rid A of Bの形で「AからBを取り除く」という意味を表すことができます。

〔例〕The software rids PCs of computer viruses.
（そのソフトウェアは，パソコンからコンピューターウィルスを取り除く）

☑ deprive A of B型のさまざまな動詞

deprive A of Bと同じ形をとる動詞には，ほかにもさまざまなものがあります。ofには「分離」の意味が含まれているため，原則として「AからBを奪う，AからBを取り除く」という意味を持つと考えると知識を整理しやすいでしょう。

▶ clear A of B	「AからBを取り除く」
▶ cure A of B	「AからB（病気など）を取り除いて治す」
▶ relieve A of B	「AからB（苦痛や義務など）を取り除いて楽にする」
▶ strip A of B	「AからBをはぎとる」

Check! 次の文の空所には，①と②のどちらを入れるのが適切ですか。
The noise of the construction deprived him _____ sleep.
① of　　② on

145 The Starbucks I usually go to provides its customers with free Wi-Fi.

私が普段利用しているスターバックスでは，
客に無料Wi-Fiを提供している。

POINT provide A with Bは，「AにBを与える」の意味を表す

☑ provide A with B

この文では，動詞provideと前置詞withがセットで使われています。このように，**provide A with Bの形で「AにBを与える」**という意味を表すことができます。同様の意味は，動詞supplyと前置詞withのセットを用いて表すこともできます。

　〔例〕The Starbucks I usually go to supplies its customers with free Wi-Fi.

☑ feed A with B

似たような形で使われる動詞にfeed「食物を与える，食べさせる」があります。**feed A with Bの形で「AにB（食べ物）を与える，AにBを食べさせる」**という意味を表すことができます。

　〔例〕The bird fed the chicks with worms. （その鳥はひなに虫を食べさせた）

☑ provide A with B型のさまざまな動詞

provide A with Bと同じ形をとる動詞には，ほかにもさまざまなものがあります。**原則として「AにBを与える，AにBを供給する」**という意味を持つと考えると知識を整理しやすいでしょう。

▶equip A with B	「AにBを備えつける」「AにBを授ける」
▶furnish A with B	「AにBを与える」「AにBを備えつける」
▶present A with B	「AにBを贈る」

Check! 次の文の空所には，①と②のどちらを入れるのが適切ですか。
The school provided students ＿＿＿ new laptops.
① in　② with

146

Many people regard Shakespeare as a great playwright.

多くの人々がシェイクスピアを
偉大な劇作家だとみなしている。

POINT 「イコール」の意味をもつasとセットになる動詞——
regardなど

☑ regard A as B

この文では，動詞regardと前置詞asがセットで使われています。このように，regard A as Bの形で「AをBとみなす」という意味を表すことができます。同様の意味は，動詞seeと前置詞asのセットを用いて表すこともできます。

〔例〕 Many people see Shakespeare as a great playwright.

☑ think of A as B

似たような形で使われる動詞句にthink of「…を考える」があります。think of A as Bの形で「AをBと考える」という意味を表すことができます。

〔例〕 They think of Japan as a safe country.

（彼らは日本を安全な国だと考えている）

☑ regard A as B型のさまざまな動詞

regard A as Bと同じ形をとる動詞には，ほかにもさまざまなものがあります。asには「イコール」の意味が含まれているため，原則として「AをBとみなす，AをBと考える」という意味を持つと考えると知識を整理しやすいでしょう。

▶ count A as B	「AをBとみなす」
▶ describe A as B	「AをBと説明する」
▶ look on A as B	「AをBとみなす」
▶ refer to A as B	「AをBと言う」
▶ view A as B	「AをBとみなす」

Check! 次の文の空所には，①と②のどちらを入れるのが適切ですか。
They regard hard work _____ important for success.
① for　② as

147

I cannot tell alligators from crocodiles.

私にはアリゲーターとクロコダイルの
見分けがつかない。

POINT

「区別」の意味をもつfromとセットになる動詞──
tell, knowなど

☑ tell A from B

この文では，動詞tellと前置詞fromがセットで使われています。このように，**tell A from Bの形で「AをBと区別する，AとBを見分ける」**という意味を表すことができます。

☑ know A from B

似たような形で使われる動詞にknow「…を区別できる，…との見分けがつく」があります。**know A from Bの形で「AをBと区別できる，AとBの見分けがつく」**という意味を表すことができます。

〔例〕We don't <u>know</u> real photos <u>from</u> ones generated by AI.
（私たちは本物の写真をAIによって生成されたものと区別できない）

☑ tell A from B型のさまざまな動詞

tell A from Bと同じ形をとる動詞には，ほかにもさまざまなものがあります。

▶ distinguish A from B	「AをBと区別する」
▶ separate A from B	「AをBと区別する」

これらは**原則として「AをBと区別する，AとBを見分ける」という意味**を持っています。fromを用いて「区別」の意味を表す表現として，まとめて押さえておきましょう。

Check!
次の文の空所には，①と②のどちらを入れるのが適切ですか。
Can you tell natural diamonds ＿＿＿＿ artificial diamonds?
① from　② to

148 The book reminds me of my school days.

その本は私に学生時代を思い出させる。

POINT 「伝達」の意味をもつofとセットになる動詞——
remind, informなど

✓ remind A of B

この文では，動詞remindと前置詞ofがセットで使われています。このように，remind A of B の形で「AにBを思い出させる」という意味を表すことができます。

✓ inform A of B

似たような形で使われる動詞にinform「…を伝える」があります。inform A of B の形で「AにBを伝える」という意味を表すことができます。

〔例〕The lawyer informed the suspect of the rights he had.
（弁護士は被疑者に彼が持つ権利を伝えた）

✓ remind A of B型のさまざまな動詞

remind A of B と同じ形をとる動詞には，ほかにもさまざまなものがあります。

▶ convince A of B	「AにBを納得させる，確信させる」
▶ notify A of B	「AにBを通知する」
▶ tell A of B	「AにBを伝える」
▶ warn A of B	「AにB（危険など）を警告する，知らせる」

これらは**原則として「AにBを伝える」という意味**を持っています。**「伝達」の意味を持つ動詞はofと共に用いられ，Aには人，Bには物・事が来る**と考えると知識を整理しやすいでしょう。

Check! 次の文の空所には，①と②のどちらを入れるのが適切ですか。
The photo reminds her ＿＿＿＿ the good old days.
① of　　② on

149

The teacher scolded the students for the noise in the classroom.

その教師は,教室でうるさくしたことで生徒を叱った。

POINT forとセットになる「叱る」「ほめる」「責める」などの動詞

☑ scold A for B

この文では,動詞scoldと前置詞forがセットで使われています。このように,scold A for Bの形で「BのことでAを叱る」という意味を表すことができます。

☑ praise A for B

似たような形で使われる動詞にpraise「…をほめる」があります。**praise A for Bの形で「BのことでAをほめる」**という意味を表すことができます。

〔例〕 The general manager praised him for his excellent sales performance. (総務部長は,素晴らしい営業成績のことで彼をほめた)

☑ scold A for B 型のさまざまな動詞

scold A for Bと同じ形をとる動詞には,ほかにもさまざまなものがあります。

▶ blame A for B	「BのことでAを責める」
▶ criticize A for B	「BのことでAを批判する」
▶ excuse A for B	「BのことでAを許す」
▶ punish A for B	「BのことでAを罰する」
▶ thank A for B	「BのことでAに感謝する」

「叱る」「ほめる」「責める」のような意味を持つ動詞にはforと共に用いられることが多いという共通点があります。Aには人が,Bには叱ったりほめたり責めたりする対象となる行為が来ると考えると知識を整理しやすいでしょう。

Check! 次の文の空所には,①と②のどちらを入れるのが適切ですか。
The woman scolded her child _____ not behaving himself.
① for　② to

150

The professor allowed the student to take the course.

教授はその生徒が受講することを許可した。

POINT　allow O to *do*は、「Oが…することを許す」の意味を表す

☑ allow O to *do*

この文では、動詞allowとto不定詞to takeがセットで使われています。<u>allow O to *do*</u>の形で「**Oが…することを許す**」という意味を表すことができます。この形は、「**Oが…することを可能にする**」という意味で使われることもあります。

〔例〕 The car <u>allowed</u> us <u>to move</u> faster.
　　　（車は私たちがより速く移動することを可能にした）

☑ encourage O to *do*

似たような形で使われる動詞にencourage「…を促す」があります。<u>encourage O to *do*</u>の形で「**Oが…することを促す**」という意味を表すことができます。

〔例〕 He <u>encouraged</u> me <u>to study</u> hard.
　　　（彼は私が一生懸命勉強するよう促した）

☑ allow O to *do* 型のさまざまな動詞

allow O to *do* と同じ形をとる動詞には、ほかにもさまざまなものがあります。**原則として「Oに…させる」や「Oが…することを〜する」という意味**を持つと考えると知識を整理しやすいでしょう。

▶ cause O to *do*	「Oに…させる」
▶ enable O to *do*	「Oが…することを可能にする」
▶ expect O to *do*	「Oが…することを期待する」
▶ force O to *do*	「Oに…させる」

Check!　次の文の空所には、①と②のどちらを入れるのが適切ですか。

The scholarship allowed him _____ abroad.

① to study　　② study

［著者紹介］

宮下卓也 (みやした・たくや)

河合塾講師。東京大学卒業。高校1年〜既卒生までを対象に基礎クラスから最難関クラスまで幅広く指導するほか, 講座テキストなどの教材制作にも力を入れ, 全統記述模試制作チームではチーフを務める。構文を重視した論理的な授業は,「とにかくわかりやすい」「実際に成績が上がる」と評判で, 毎年数多くの受験生を合格に導いている。

『英作文FIRST PIECE』『読み方と解き方がはじめからわかる16のレッスン 英語リーディングRe:BOOT』『聞き方と解き方がはじめからわかる10のレッスン 英語リスニングRe:BOOT』(Gakken),『英文法・語法問題が面白いほど解ける本』『単語を覚えたのに読めない人のための英文読解のオキテ55』(KADOKAWA),『英語長文プラス 速読トレーニング問題集』『英語長文プラス 記述式トレーニング問題集』『英語長文プラス 頻出テーマ10トレーニング問題集』(旺文社),『大学入試 英文法Eureka!』(かんき出版)など著書多数。

英文法の知識ゼロからはじめられる
暗唱例文Props150

Production Staff

デザイン	沢田幸平(happeace)
イラスト	ヤマサキミノリ
英文校閲	キャサリン・A・クラフト
編集協力	永戸みず穂, 渡辺泰葉
音声収録	爽美録音株式会社
データ作成	株式会社四国写研
印刷所	株式会社リーブルテック

■読者アンケートご協力のお願い

Webから応募できます！
ご協力いただいた方のなかから抽選でギフト券 (500円分)をプレゼントさせていただきます。

アンケート番号：　　　305626

※アンケートは予告なく終了する場合がございます。あらかじめご了承ください。

英文法の知識ゼロ
からはじめられる

暗唱例文
Props 150

解答・解説＋暗唱例文集

Gakken

この別冊には,Check! の解答・解説と,復習用の暗唱例文集が収録されています。

❶ 解答・解説…p.2
本冊の各ページ最後にあるCheck! の解答と解説です。

❷ 暗唱例文集…p.40
本冊の各ページ最初にある暗唱例文の英文と日本語訳をまとめたものです。
赤シートを使って,暗記できているかどうかをチェックしましょう。
付属音声を活用すれば,効果的な音読練習ができます(本冊p.8参照)。

001 （本冊 p.10 ）

解答 ある

解説 lie という動詞には，「横になる」という意味のほか，「ある」という意味もあります。この英文を「和歌山は…横になっている」と訳すのはヘンですね。

002 （本冊 p.11 ）

解答 移動する［渡る］

解説 migrate という動詞は，「渡る」「移動する」という意味を持っています。ＳＶ（M）という第１文型の形を見抜ければ，意味はある程度わかりますね。ちなみに，migrating bird（渡り鳥）という表現もあります。

003 （本冊 p.12 ）

解答 ① happy

解説 look という動詞は，「見る」という意味のほかに「見える」という意味もあり，第２文型を作ります。副詞はＣにならないので，形容詞の① happy が正解です。

004 （本冊 p.13 ）

解答 ① 他動詞

解説 Yumi（Ｓ）≠ her dog（Ｏ）の第３文型の文であることがわかるため，本問の walk は他動詞です。walk Ｏで「Ｏを歩かせる，Ｏを散歩させる」という意味です。ただし，walk という動詞には，「歩く」という自動詞としての意味もあります。多くの動詞に自動詞と他動詞の両方の意味があるため，辞書や実際の英文で確認するのがベストです。

005 （本冊 p.14 ）

解答 与える［与えている］

解説 allow という動詞は，「与える」という意味を持っています。employees（従業員）≠ two weeks off（２週間の休み）という関係から，ＳＶＯ₁Ｏ₂という第

4文型の文であることを見抜ければ, 意味はある程度わかりますね。ちなみに, allowには「許す」という意味もあります。

006 (本冊 **p.15**)

解答 の幸運をうらやむ［うらやんでいる］

解説 envyという動詞は, 第4文型の文を作り, envy O_1 O_2で「O_1（人）の O_2をうらやむ」という意味になります。第4文型を作る動詞によくある, 「O_1に O_2を与える」という意味にはなりません。原則と例外を再度確認しておきましょう。

007 (本冊 **p.16**)

解答 その本が面白いとわかった［その本を面白いと思った］

解説 the bookがO, 形容詞interestingがCの第5文型の文です。O＝Cの関係が成り立つため, find O Cで「OがCだとわかる」という意味です。なお, 「その面白い本を見つけた」という訳は誤りです。「メアリーはその面白い本を見つけた」とするためには, 形容詞interestingをbookの前に置いて, Mary found the interesting book.とする必要があります。

008 (本冊 **p.17**)

解答 ① 現在の習慣

解説 every day（毎日）という表現からもわかるように, 「いつもやっていること」（現在の習慣）を表す文です。文の意味は, 「彼女は毎日テニスをする」です。

009 (本冊 **p.18**)

解答 ② 過去の1回限りの動作

解説 this morning（今朝）という表現からもわかるように, 「過去の1回限りの動作」を表す文です。文の意味は, 「私のネコは今朝, キャットフードを食べた」です。

010 (本冊 **p.19**)

解答 ① I'll have it

解説 「このケーキはあなたのものです。好きなときに食べてね」という発言に対して、「ありがとう。後でいただきます」という返答をしていると考えられます。この状況で話者があらかじめそのケーキを食べることを予定していたとは考えにくいため、be going to *do* ではなく、will *do* を使います。

011 (本冊 **p.20**)

解答 ① 今やっていること

解説 now（現在）という表現からもわかるように、「今やっていること」（現在進行中の動作）を表す文です。文の意味は、「彼は今、音楽を聴いている」です。

012 (本冊 **p.21**)

解答 ① was studying

解説 around 9 in the morning yesterday（昨日の朝 9 時頃）という表現からもわかるように、「過去にやっていたこと」（過去のある時点で進行中の動作）を表す文です。文の意味は、「昨日の朝 9 時頃、彼女は勉強していた」です。

013 (本冊 **p.22**)

解答 ① 継続

解説 for a long time（長い間）という表現をヒントにすれば、自分の自転車がほしいという気持ちが過去から現在まで「継続」していると考えるのが自然です。文の意味は、「私は長い間、自分の自転車がほしいと思っている」です。

014 (本冊 **p.23**)

解答 ① 継続

解説 for 20 years（20 年間）という表現をヒントにすれば、引退したときまで 20 年間「継続」して英語を教えていたと考えるのが自然です。文の意味は、「引退したとき、彼女は英語を 20 年間教えていた」です。

015（本冊 p.24）

解答 ③ 完了

解説 by the time they leave the office（彼らが会社を出るまでに）という表現をヒントにすれば，会社を出るという未来の時点までに仕事が「完了」していると考えるのが自然です。文の意味は，「彼らは会社を出るまでに仕事を終えているだろう」です。

016（本冊 p.25）

解答 ① has been watching

解説 for one hour（1時間）や now（現在）という表現から，現在まで1時間，「継続」してテレビを見ていることがわかります。「過去から現在までの動作の継続」を表しているため，現在完了進行形を使います。文の意味は，「現在，彼は1時間テレビを見ている」です。

017（本冊 p.26）

解答 ① arrives

解説 主節の動詞が will start となっていることからもわかるように，未来のことを表す文です。when のカタマリは「彼女が到着したときに」という時の意味の副詞のカタマリですから，「時・条件の意味の副詞のカタマリの中の動詞は，未来のことでも will を使わない」というルールが当てはまる場面だとわかります。文の意味は，「彼女が到着したら［したときに］，ミーティングを始めるだろう」です。

018（本冊 p.27）

解答 ① has been

解説 文の意味は，「ジェフが高校を卒業してから3年が経つ」となりそうです。この文の It は「時間の it」ですから，It has been three years で「3年になる」という意味を表せます。② has passed は，three years（3年）のような具体的な期間を主語にとるため，誤りです。Three years have passed since Jeff graduated from high school. という形であれば正解になります。

019（本冊**p.28**）

解答 ① can

解説 日本語訳の「泳げる」という部分に着目します。ここから、空所には「能力」の意味を持つcanを入れればよいとわかるため、① can が正解です。

020（本冊**p.29**）

解答 ① Will

解説 日本語訳に着目します。Will you ...?「…してもらえますか」という表現を作ればよいとわかるため、① Will が正解です。なお、選択肢にはありませんでしたが、Wouldを入れるとより丁寧な表現になります。

021（本冊**p.30**）

解答 ② may have come

解説 過去を表すyesterday（昨日）に着目します。ここから、「過去についての推量」を表すmay[might] have *done*「…したかもしれない」の形を作ればよいとわかるため、② may have come が正解です。文の意味は、「彼は昨日、ここに来たかもしれない」です。

022（本冊**p.31**）

解答 ① mustn't

解説 日本語訳の「開けてはならない」という部分に着目します。ここから、空所には「禁止」の意味を持つmustn'tを入れればよいとわかるため、① mustn't が正解です。なお、空所に② don't have toを入れた場合は、「あなたはこの箱を空ける必要はない」という意味になります。

023（本冊**p.32**）

解答 ② should

解説 日本語訳の「買うべきだ」という部分に着目します。ここから、空所には「義務」の意味を持つshouldを入れればよいとわかるため、② should が正解です。

024（本冊 **p.33**）

解答 ② needn't

解説 空所の後ろに take という動詞の原形があること，および選択肢より，空所には助動詞の need が入ることがわかります。助動詞の need は原則として否定文か疑問文で使いますから，否定形である② needn't が正解です。文の意味は，「ショッピングモールに行くためにバスに乗る必要はない」です。

025（本冊 **p.34**）

解答 ① must have happened

解説 まずは，セミコロン（；）の前までの意味を把握します。この部分の意味は，「その男性は幸せそうに見える」です。選択肢および文の流れより，空所を含むセミコロン以降の部分は「何か良いことが彼に起こったにちがいない」のような意味であると考えるのが自然なため，① must have happened が正解です。文の意味は，「その男性は幸せそうに見える。何か良いことが彼に起こったにちがいない」です。

026（本冊 **p.35**）

解答 ① used to

解説 設問文と選択肢から，文の意味は「ここにはかつてはコンビニがあった」となりそうです。空所の後ろに状態動詞の be があることから，「過去の状態」を表す〈used to ＋動詞の原形〉「（今とは違って）かつては…だった」の形を作ればよいとわかるため，① used to が正解です。② would を使った〈would ＋動詞の原形〉の形でも「過去の習慣的動作」を表せますが，would は原則として動作動詞とともに用いられるため，誤りです。

027（本冊 **p.36**）

解答 ① may well

解説 まずは，コンマの前までの意味を把握します。この部分の意味は，「あなたはこのあたりに詳しくないので」です。選択肢および文の流れより，空所に

may wellを入れ，〈may [might] well ＋動詞の原形〉「…するのももっともだ」の形を作れば，「あなたはこのあたりに詳しくないので，道に迷うのももっともだ」という自然な意味の英文になるため， ① may well が正解です。

028（本冊 **p.37**）

解答 ① was caught

解説 行為主を表す by my father があることに着目します。caught を空所に入れても意味が通りませんが，受動態の形 was caught を入れると，「大きな魚が私の父によって釣り上げられた」という意味の自然な英文になります。

029（本冊 **p.38**）

解答 ② must be followed

解説 助動詞 must を用いた受動態の形を入れると，「ルールは守られなければならない［守らなければならない］」という意味の自然な英文になります。

030（本冊 **p.39**）

解答 ① has been enjoyed

解説 現在完了形の受動態の形を入れると，「野球は長年にわたって多くの人に楽しまれてきた」という意味の自然な英文になります。② has enjoyed は能動態の形です。空所に②を入れると「野球が楽しむ」という不自然な意味になってしまいますし，文として成立しないため誤りです。

031（本冊 **p.40**）

解答 ② is being painted

解説 進行形の受動態の形を入れると，「現在，壁はペンキが塗られている［塗装中だ］」という意味の自然な英文になります。① is painting は能動態の形です。空所に①を入れると「壁が塗っている」という不自然な意味になってしまいますし，文として成立しないため誤りです。

032（本冊 p.41）

解答 ② lied to

解説 lie to A「Aにうそをつく」の受動態の形は，A be lied to by ...「Aは…によってうそをつかれる」です。〈動詞＋前置詞〉という複数の語からなる動詞の表現は，前置詞を動詞の後ろにくっつけたまま受動態にします。最初は to by という並びが不自然に思えるかもしれませんが，少しずつ慣れていきましょう。

033（本冊 p.42）

解答 ② would accept

解説 If I were you の were に着目すると，仮定法過去の文だと考えられます。空所があるのは if のカタマリの外ですから，助動詞の過去形を用いた would accept を入れると，「もし私があなたなら，その申し出を受け入れるだろう」という意味の自然な英文になります。

034（本冊 p.43）

解答 ② wouldn't have overslept

解説 If he had gone to bed early の had gone と last night（昨晩）に着目すると，過去のことに関する仮定法の文だと考えられます。また，this morning（今朝）から，if のカタマリの外も過去のことだとわかります。仮定法過去完了の形である wouldn't have overslept を入れると，「もし昨晩早く寝ていたら，彼は今朝寝過ごすことはなかっただろうに」という意味の自然な英文になります。

035（本冊 p.44）

解答 ② had listened

解説 if のカタマリの外は，now（今）という語や wouldn't be という現在のことについての仮定法の形があることからわかるように，現在のことを表しています。一方，if のカタマリの中は，then（あのとき）という過去のことを表す語からもわかるように，過去のことを表していると考えられます。過去のことについての仮定法の形にすればよいとわかるため，② had listened が正解です。文の意味は，「あのとき彼の言うことを聞いていれば，今頃私は困っていないだろう」です。

036 (本冊 **p.45**)

解答 ① were to snow

解説 助動詞 would に着目すると，仮定法の文ではないかと考えられます。were to snow を入れると，話し手（書き手）が，起こる可能性がないか，極めて低いと考える未来の事柄についての仮定の表現，If S were to *do* の形を作ることができ，「もし UAE で雪が降ったら，私はとても驚くだろう」という意味の自然な英文になります。

037 (本冊 **p.46**)

解答 ① Were

解説 助動詞 would に着目すると，仮定法の文ではないかと考えられます。Were を入れると，Were I a rocket（私がロケットなら）という，If I were a rocket の if を省略して，続く 2 つの語句（I と were）をひっくり返した形を作ることができます。If I a rocket という形（空所に② If を入れた形）は，if のカタマリの中に V がないため，誤りです。文の意味は，「もし私がロケットなら，月まで飛んでいくだろう」です。

038 (本冊 **p.47**)

解答 ① would win

解説 「あなたなら」という訳に着目すると，主語が if ... の代わりになる仮定法の文ではないかと考えられます。助動詞の過去形 would を含む would win を空所に入れればよいとわかるため，① would win が正解です。

039 (本冊 **p.48**)

解答 ① If it had not been for

解説 「…がなかったら」は if it had not been for ... の形で表せるため，①が正解です。文の意味は，「スマートフォンがなかったら，私は道に迷っていたかもしれない」です。

040（本冊**p.49**）

解答 ② could

解説 wishは仮定法を用いる表現であり，wishの後ろは仮定法の形にする必要があります。そこで，canを過去形のcouldにして空所に入れます。文の意味は，「宇宙に行けたらなあ」です。

041（本冊**p.50**）

解答 ② Playing

解説 この文では，isがV，funがCです。そこで，isの前までがSではないかと考えられます。動名詞Playingを空所に入れれば，Playing cards with friends（友人とトランプをすること）というSを作ることができるため，② Playingが正解です。文の意味は，「友人とトランプをすることは楽しい」です。

042（本冊**p.51**）

解答 ② her

解説 ofの後ろに動名詞句studying hardがあります。動名詞句の主語を表すことができるのは代名詞の所有格か目的格ですから，② herが正解です。文の意味は，「これは私の娘です。私は彼女が一生懸命勉強していることを誇りに思っています」です。

043（本冊**p.52**）

解答 ① not being

解説 be動詞を使った動名詞句being …の否定は，not being …の形で表します。himは動名詞の意味上の主語であり，not being …の前に置くことを改めて確認しておきましょう。文の意味は，「私は，彼が週末に家にいないところが好きだ」です。

044（本冊**p.53**）

解答 ② having passed

解説 文の動詞isが現在形であることから,「誇りに思っている」のは現在のことだとわかります。一方で,last month（先月）に着目すると,「試験に合格した」のはそれよりも前のことだと判断できます。完了動名詞having *done* の形を用いればよいとわかるため, ② having passedが正解です。文の意味は,「ポールは,息子が先月試験に合格したことを誇りに思っている」です。

045（本冊 **p.54**）

解答 ① climbing

解説 be used toに着目します。このtoは前置詞なので,後ろに動名詞句を置いて,動名詞の慣用表現be used to *doing*「…するのに慣れている」の形にします。文の意味は,「私は山に登るのに慣れている」です。

046（本冊 **p.55**）

解答 ① to become

解説 My dreamがS,isがVなので,空所にはCになるものが入ると考えられます。名詞用法のto不定詞は「…すること」という意味で,Cとして用いることができるため, ① to becomeが正解です。文の意味は,「私の夢は芸術家になることだ」です。

047（本冊 **p.56**）

解答 ① to listen to

解説 選択肢はどちらもto不定詞なので,空所の部分はsomethingを修飾するものであると考えられます。名詞とto不定詞句の間にVOの関係が成立するように,形容詞用法のto不定詞句を入れた① to listen toが正解です。なお, ② to listenは,listen somethingという形がないため,誤りです。文の意味は,「私は通学中,何か聴くものが欲しい」です。

048（本冊 **p.57**）

解答 ① to get

解説 空所に to 不定詞を入れて，「高い点数を取るために」という「目的」の意味にすると自然な意味になるため，副詞用法の to 不定詞を入れた① to get が正解です。文の意味は，「高い点数を取るために，あなたは一生懸命勉強する必要がある」です。

049（本冊 **p.58**）

解答 ① to walk

解説 この文は It が S，is が V，refreshing が C です。空所に名詞用法の to 不定詞を入れることで，to 不定詞を用いた形式主語構文を作ることができるため，① to walk が正解です。文の意味は，「森の中で犬の散歩をすることは気持ちがいい」です。

050（本冊 **p.59**）

解答 ② to have quit

解説 文の動詞 is said が現在形であることと，in 2000（2000年に）が過去のことを表すことから，文の動詞の表す時と to 不定詞句の表す時の間に「時のズレ」があるとわかります。to have *done* の形で，文の動詞が表す時よりも「前のこと」を表すことができるため，完了不定詞の② to have quit が正解です。文の意味は，「その作家は2000年に大学をやめたと言われている」です。

051（本冊 **p.60**）

解答 ② to stay in

解説 comfortable（心地よい）という形容詞はタフ構文で使うことのできる形容詞です。タフ構文では，S である This room（この部屋）が O を兼ねる文になるよう，to 不定詞句の目的語が欠けた形を作る必要があるため，② to stay in が正解です。文の意味は，「この部屋は滞在するのに快適だ」です。なお，この文を形式主語構文に書き換えると，It is comfortable to stay in this room. となります。

052（本冊 p.61）

解答 ① too

解説 for them to read に着目し，too ... for A to *do*「…すぎてAは〜できない，Aが〜するには…すぎる」という表現を使うと考えます。① too が正解です。文の意味は，「その本は難しすぎて，彼らには読めなかった」です。

053（本冊 p.62）

解答 ② spoken

解説 a language を修飾するのに，現在分詞と過去分詞のどちらを空所に入れるべきかを選ぶ問題です。「言語」が「話している」ではなく，「言語」が「話される」という受動関係のほうが適切ですから，過去分詞 spoken を入れます。文の意味は，「スワヒリ語はさまざまな国や地域で話されている言語だ」です。

054（本冊 p.63）

解答 ② closed

解説 keep O C「OをCのままにする」の表現が使われており，OとCの間の関係が能動関係か受動関係かを考える問題です。動詞 close は close O「Oを閉める」の形で使いますから，ここでは「窓」が「閉められる」という受動関係があると考えるのが適切です。過去分詞の形である，② closed が正解です。文の意味は，「ジョージは窓を閉めたままにした」です。

055（本冊 p.64）

解答 ② Leaving

解説 I always arrive at Tokyo Station in time の部分だけでも文が成立していることから，コンマより前の部分は後続する部分を修飾する副詞のはたらきをしているのではないかと考えられます。空所に現在分詞 Leaving を入れることによって，Leaving home early という分詞句を作ることができるため，② Leaving が正解です。文の主語である I が分詞句の主語と一致していること，両者の間には「私」が「家を早く出る」という能動関係があることを確認しておきましょう。文の意味は，「家を早く出るので，私はいつも遅れずに東京駅に到着する」です。

056 (本冊 p.65)

解答 ② Seen

解説 the island looks like a horse の部分だけでも文が成立していることから，コンマより前の部分は後続する部分を修飾する副詞のはたらきをしているのではないかと考えられます。また，選択肢から，空所に分詞を入れることによって，分詞構文を作ればよいと判断します。分詞構文では分詞句の主語は原則として文の主語と一致するため，文の主語である the island が分詞構文の主語だとわかります。「島」が「見られる」という受動関係が成立するように，空所には過去分詞を入れる必要がありますから，② Seen が正解です。文の意味は，「遠くから見ると，その島はウマのように見える」です。

057 (本冊 p.66)

解答 ② written

解説 several errors were found in it の部分だけでも文が成立していることから，コンマより前の部分は後続する部分を修飾する副詞のはたらきをしているのではないかと考えられます。また，選択肢から，空所に分詞を入れることによって，分詞構文を作ればよいと判断します。分詞句の主語は The e-mail （そのメール)で，文の主語である several errors （いくつかの誤り)とは異なるため，独立分詞構文の形です。「メール」が「書かれる」という受動関係が成立するように，空所には過去分詞を入れる必要がありますから，② written が正解です。文の意味は，「そのメールは急いで書かれたので，いくつかの誤りがその中に見つかった」です。

058 (本冊 p.67)

解答 ① Not knowing

解説 I took the course の部分だけでも文が成立していることから，コンマより前の部分は後続する部分を修飾する副詞のはたらきをしているのではないかと考えられます。また，選択肢から，空所に否定を伴う分詞を入れることによって，分詞構文を作ればよいと判断します。分詞構文に否定の意味を持たせる場合は，否定語を分詞句の前に置きますから，① Not knowing が正解です。文の意味は，「ピアノの弾き方がわからなかったので，私はその授業をとった」です。

059（本冊**p.68**）

解答 ② considered

解説 空所にconsideredを入れることで，all things considered「すべての事柄を考慮すると」という慣用表現を作ることができます。文の意味は，「すべての事柄を考慮すると，そのコンサートは成功だった」です。

060（本冊**p.69**）

解答 ② clean

解説 空所にcleanを入れることで，make O *do*「Oに（強制的に）…させる」という形を作ることができます。文の意味は，「母親は息子に部屋を掃除させた」です。

061（本冊**p.70**）

解答 ② enter

解説 空所にenterを入れることで，let O *do*「Oに（自由に）…させる」という形を作ることができます。文の意味は，「警備員は盲導犬を建物へ入らせた」です。

062（本冊**p.71**）

解答 ② go and buy

解説 空所にgo and buyを入れることで，have O *do*「Oに（依頼して）…させる，…してもらう」という形を作ることができます。文の意味は，「その大工は見習いに水を買いに行かせた」です。

063（本冊**p.72**）

解答 ② fixed

解説 空所にfixedを入れることで，have O *done*「Oを…させる，…してもらう」という形を作ることができます。文の意味は，「サンディはiPhoneを修理してもらった」です。ここでは，「iPhone」が「修理される」という受動関係が成

立していることを確認しておきましょう。① fixは，空所に入れると，have O *do*「Oに…させる，…してもらう」の形になり，「サンディはiPhoneに修理してもらった」という不自然な意味になるため，誤りです。

064（本冊**p.73**）

解答 ① enter

解説 空所にenterを入れることで，see O *do*「Oが…するのを見る」という形を作ることができます。文の意味は，「ビルは泥棒が部屋に入るのを見た」です。

065（本冊**p.74**）

解答 ① who

解説 選択肢から，空所に関係代名詞を入れて，先行詞the womanを修飾するカタマリを作ればよいとわかります。先行詞がMisa（ミサ）という「人」であるため，空所にはwhoを入れます。関係代名詞を用いた文は，元々は2つの文を前提にしています。設問文は，❶ Misa is the woman. と❷ The woman waters the flowers every morning. という2つの文を前提としています。文の意味は，「ミサは毎朝，花に水をやる女性だ」です。

066（本冊**p.75**）

解答 ② which

解説 選択肢から，空所に関係代名詞を入れて，先行詞a problemを修飾するカタマリを作ればよいとわかります。先行詞が「人以外」であるため，空所にはwhichを入れます。関係代名詞を用いた文は，元々は2つの文を前提にしています。設問文は，❶ This is a problem. と❷ I have solved the problem many times. という2つの文を前提としています。文の意味は，「これは私が何度も解いた問題だ」です。

067（本冊**p.76**）

解答 ② whose

解説 選択肢から，空所に関係代名詞を入れて，先行詞 a parrot を修飾するカタマリを作ればよいとわかります。空所の直後には無冠詞の名詞 feathers があるため，空所には所有格の関係代名詞 whose を入れます。この文が，❶ Dylan has a parrot. と❷ The parrot's feathers are white. という 2 つの文を前提としていることを確認しておきましょう。文の意味は，「ディランは羽毛が白いオウムを飼っている」です。

068（本冊 **p.77**）

解答 ② with which

解説 選択肢から，空所に〈前置詞＋関係代名詞〉を入れて，先行詞 the pen を修飾するカタマリを作ればよいとわかります。この文は，❶ This is the pen. と，with「…を使って」を用いた❷ The president signed the document with the pen. という 2 つの文を前提としていると考えられるため，空所には with which を入れます。文の意味は，「これは，大統領がその文書に署名したペンだ」です。

069（本冊 **p.78**）

解答 ② where

解説 選択肢から，空所に関係詞を入れて，先行詞 the place を修飾するカタマリを作ればよいとわかります。空所の後ろに完全な文が続いていることや，先行詞が「場所」であることから，空所には関係副詞 where を入れます。この文が，❶ California is the state. と❷ The player was born there [in the state]. という 2 つの文を前提としていることを確認しておきましょう。文の意味は，「カリフォルニアはその選手が生まれた州だ」です。

070（本冊 **p.79**）

解答 ② when

解説 選択肢から，空所に関係詞を入れて，先行詞 the year を修飾するカタマリを作ればよいとわかります。空所の後ろに完全な文が続いていることや，先行詞が「時」であることから，空所には関係副詞 when を入れます。この文が，❶

That was the year. と❷ Rina graduated from high school then [in the year]. という 2 つの文を前提としていることを確認しておきましょう。文の意味は，「その年はリナが高校を卒業した年だ」です。

071（本冊 **p.80** ）

解答　② why

解説　選択肢から，空所に関係詞を入れて，先行詞 the reason を修飾するカタマリを作ればよいとわかります。空所の後ろに完全な文が続いていることや，先行詞が「理由」を表す The reason であることから，空所には関係副詞 why を入れます。この文が，❶ The reason is to live comfortably. と❷ We clean the apartment for the reason. という 2 つの文を前提としていることを確認しておきましょう。文の意味は，「私たちが部屋をきれいにする理由は，快適に生活するためだ」です。

072（本冊 **p.81** ）

解答　② how

解説　選択肢から，空所に関係詞を入れてカタマリを作ればよいとわかります。空所の後ろに完全な文が続いていることから，空所には関係副詞 how を入れます。この文が，❶ The child learned the way. と❷ She should peel an apple in the way. という 2 つの文を前提としていることを確認しておきましょう。文の意味は，「その子どもは，どのようにしてリンゴをむくべきか［リンゴのむき方］を学んだ」です。

073（本冊 **p.82** ）

解答　① , which

解説　選択肢から，空所に関係代名詞を入れて，先行詞 Kyoto を補足説明するカタマリを作ればよいとわかります。また，先行詞が固有名詞の Kyoto（京都）であることから，空所にはコンマをつけた非制限用法の関係代名詞を入れればよいとわかります。① , which が正解です。文の意味は，「ルーシーは，歴史的建造物で有名な京都を訪れた」です。

074（本冊 **p.83**）

解答　② who

解説　選択肢から，空所に関係代名詞を入れて，先行詞 a man を修飾するカタマリを作ればよいとわかります。空所の後ろが everyone agreed（that）S V ... の S が欠けた形になっていることから，空所には主格の関係代名詞 who を入れます。この文が，❶ I met a man. と ❷ Everyone agreed（that）<u>the man</u> was polite. という 2 つの文を前提としていることを確認しておきましょう。文の意味は，「私は誰もが礼儀正しいと認める男性に会った」です。

075（本冊 **p.84**）

解答　① what

解説　選択肢から，空所に関係代名詞を入れてカタマリを作ればよいとわかります。また，knew の後ろに目的語がないため，空所から understand までが knew の目的語になると考えられます。ここから，空所には名詞節を作ることのできる関係代名詞を入れればよいとわかるため，① what が正解です。文の意味は，「先生は，生徒たちが何を理解できなかったのかわかっていた」です。

076（本冊 **p.85**）

解答　① what

解説　選択肢から，空所に関係代名詞を入れてカタマリを作ればよいとわかります。また，gave の後ろに gave O₁ O₂「O₁ に O₂ を与える」の O₂ がないため，空所から had までが O₂ になると考えられます。空所の後ろに money という名詞があることから，what（little / few）A ...「（少ないけれど）…なすべての A」という表現を作ればよいとわかるため，① what が正解です。文の意味は，「祖母は，少ないながらも彼女が持っていたすべてのお金を私にくれた」です。

077（本冊 **p.86**）

解答　① what

解説　選択肢から，空所に関係詞を入れてカタマリを作ればよいとわかります。

また，空所からprimeまでが文の補語になると考えられることから，名詞のカタ
マリを作る必要があるとわかります。空所の後ろにhe was in his primeという表
現があることから，what S beの形を元にしたwhat S was in his prime「全盛期
の彼」という表現を作ればよいとわかるため，① whatが正解です。文の意味は，
「その歌手はもはや全盛期の彼ではない」です。

078（本冊 p.87 ）

解答 ① whoever

解説 選択肢から，空所に関係詞を入れてカタマリを作ればよいとわかります。
また，この文では，People who feel illがS，should tellがVであり，その目的語
が欠けていることをつかみます。空所からnearbyまでがtellの目的語になると考
えられることから，名詞のカタマリを作る必要があるとわかります。空所に
whoeverを入れると，文全体が自然な意味になるため，① whoeverが正解です。
文の意味は「気分が悪い人は，誰であれ近くにいる人に声をかけるべきだ」です。

079（本冊 p.88 ）

解答 ① whatever

解説 選択肢から，空所に関係詞を入れてカタマリを作ればよいとわかります。
また，空所からnewまでがto tryの目的語になると考えられることから，名詞の
カタマリを作る必要があるとわかります。空所にwhateverを入れると，文全体
が自然な意味になるため，① whateverが正解です。文の意味は，「新しいものは
何であれ，試してみたい」です。

080（本冊 p.89 ）

解答 ① wherever

解説 選択肢から，空所に関係詞を入れてカタマリを作ればよいとわかります。
また，空所の前にはOn the oceanという副詞句が置かれ，2つ目のコンマの後ろ
にはyou'll only see waterという完全な文が来ていることから，空所を含むコン
マにはさまれた部分には，副詞のカタマリを作る必要があるとわかります。よっ

て，副詞のカタマリを作ることのできる① wherever が正解です。文の意味は，「洋上では，どこへ行っても水しか見えない」です。

081（本冊**p.90**）

解答 ① Whenever

解説 選択肢から，空所に関係詞を入れてカタマリを作ればよいとわかります。また，コンマの後ろにはyou'll be welcomed という完全な文が続いていることから，コンマより前の部分では副詞のカタマリを作る必要があるとわかります。wheneverとwhateverは，どちらも副詞のカタマリを作ることができますが，空所の直後にyou may come という完全な文が続いていることから，① Whenever が正解です。文の意味は，「いつ来ても，あなたは歓迎されるでしょう」です。

082（本冊**p.91**）

解答 ① However

解説 選択肢から，空所に関係詞を入れてカタマリを作ればよいとわかります。また，コンマの後ろにはyou should do your best という完全な文が続いていることから，コンマより前の部分では副詞のカタマリを作る必要があるとわかります。副詞のカタマリを作ることのできる① Howeverが正解です。文の意味は，「仕事がどんなに簡単でも，全力を尽くすべきだ」です。

083（本冊**p.92**）

解答 ① see

解説 等位接続詞andに着目し，andがつないでいるものを考えます。等位接続詞は「動詞と動詞」など文法的に同じはたらきをするものをつなぎます。空所にseeを入れれば，andによって動詞の原形seeと動詞の原形goをつなぐことができるため，① seeが正解です。文の意味は，「エジプトに行って，大ピラミッドを見てみたい」です。

084 (本冊 p.93)

解答　① and

解説　選択肢から空所に等位接続詞を入れればよいとわかります。空所にand を入れると,〈命令文＋and ... 〉「〜しなさい。そうすれば…」という表現を作る ことができ,「もっと一生懸命勉強しなさい。そうすれば,試験に合格するでしょ う［もっと一生懸命勉強すれば,試験に合格するだろう］」という自然な意味の 英文になります。

085 (本冊 p.94)

解答　② or

解説　選択肢から空所に等位接続詞を入れればよいとわかります。eitherがあ ることから,空所にはorを入れ,either A or B「AかBかどちらか一方」という 表現を作ればよいとわかります。文の意味は,「彼は昼食に,ピザかパスタのど ちらかを食べたかった」です。

086 (本冊 p.95)

解答　① Although

解説　コンマの後ろにはthey continued to play soccerという完全な文が続い ていることから,コンマより前の部分では副詞のカタマリを作ればよいとわかり ます。また,空所の直後にはit was rainingというＳＶの形があることから,ＳＶ を含む副詞のカタマリを作る必要があるとわかります。ＳＶを含む副詞のカタマ リを作ることのできる従属接続詞,① Althoughが正解です。文の意味は,「雨が 降っていたが,彼らはサッカーをし続けた」です。なお,② But「しかし」は等 位接続詞ですから,SVを含む副詞のカタマリを作ることはできません。

087 (本冊 p.96)

解答　② whether

解説　選択肢から空所に従属接続詞を入れてカタマリを作ればよいとわかりま す。また,カタマリはwonderの目的語の位置に来ることになるため,名詞のカ

タマリを作る必要があるとわかります。名詞のカタマリを作ることのできる従属接続詞，② whetherが正解です。文の意味は，「週末は雪が降るのだろうか［私は週末に雪が降るかどうか疑問に思う］」です。

088 (本冊 p.97)

解答 ① if

解説 選択肢から空所に従属接続詞を入れてカタマリを作ればよいとわかります。また，カタマリはknowの目的語の位置に来ることになるため，名詞のカタマリを作る必要があるとわかります。名詞のカタマリを作ることのできる従属接続詞，① ifが正解です。文の意味は，「バスが時間通りに来るかどうか，私にはわからない」です。

089 (本冊 p.98)

解答 ① that

解説 空所以降がthinkの目的語の位置に来ていることと，空所の直後にpractice makes perfectというＳＶ…の形があることに着目します。ここから，空所には名詞のカタマリを作ることのできる従属接続詞を入れる必要があるとわかるため，① thatが正解です。文の意味は，「継続は力なりだと，私は思う」です。なお，② ofは前置詞ですから，後ろにＳＶのカタマリを続けることはできません。

090 (本冊 p.99)

解答 ① so that

解説 空所の直後にhe wouldn't catch a coldというＳＶ…の形があることに着目します。ＳＶ…という形を後ろに続けることのできる従属接続詞，① so thatが正解です。文の意味は，「風邪をひかないよう，母親は彼に毛布をかけた」です。

091 (本冊 p.100)

解答 ② By the time

解説 選択肢から空所には従属接続詞を入れればよいとわかります。空所の直後にはyou feel thirstyというSV ...の形が続いていますが，① Untilと② By the timeはともに従属接続詞ですから，形としては両方とも空所に入れることが可能です。そこで，文全体の意味を考えます。コンマより前の部分には「のどが渇いたと感じる」とあり，コンマより後ろの部分には「すでに体内の水分の2%が失われている」とあります。空所に入れる接続詞としては，「期間」の意味を表すuntilではなく，「期限」の意味を表すby the timeのほうが自然ですから，② by the timeが正解です。文の意味は，「のどが渇いたと感じる頃には[感じるまでに]，すでに体内の水分の2%が失われている」です。

092（本冊p.101）

解答 ② As long as

解説 選択肢から空所には従属接続詞を入れればよいとわかります。空所の直後にはyou take good care of it というSV ...の形が続いていますが，① As far asと② As long asはともに従属接続詞ですから，形としては両方とも空所に入れることが可能です。そこで，文全体の意味を考えます。コンマより前の部分には「大切にそれを使う」とあり，コンマより後ろの部分には「新しいカメラを買ってもよい」とあります。空所に入れる接続詞としては，「範囲」の意味を表すas far asではなく，「条件」の意味を表すas long asのほうが自然ですから，② As long asが正解です。文の意味は，「大切に使うならば，新しいカメラを買ってもよい」です。

093（本冊p.102）

解答 ① warm

解説 空所の前後がas ... as 〜の形になっていることに着目します。“...”の部分には形容詞か副詞の原級が入りますから，形容詞の原級である① warm（暖かい）が正解です。この文では，昨日と今日の「暖かさ」が比較されています。文の意味は，「今日は昨日と同じくらい暖かい」です。

094（本冊 **p.103**）

解答　② earlier

解説　空所の直後にある than に着目します。ここから，空所には比較級を入れればよいとわかるため，副詞 early（早く）の比較級である② earlier（より早く）が正解です。この文では，祖父と私の「寝る時間の早さ」が比較されています。文の意味は，「私の祖父は私より早く寝る」です。

095（本冊 **p.104**）

解答　② deepest

解説　選択肢から，空所には形容詞 deep（深い）の比較級または最上級が入るとわかります。空所の直後に of all the lakes in the world「世界のすべての湖の中で」とあることから，最上級である② deepest（最も深い）が正解です。文の意味は，「バイカル湖は世界のすべての湖の中で最も深い」です。

096（本冊 **p.105**）

解答　① much

解説　空所の直後にある hotter という比較級に着目します。選択肢から，空所には比較級である hotter を強調する表現を入れればよいとわかるため，① much が正解です。文の意味は，「オーストラリアの気候はアイスランドの気候よりもずっと暑い」です。なお，very は比較級を強調する表現としては使わないことに注意が必要です。

097（本冊 **p.106**）

解答　① as

解説　空所の直前に three times as many books という形があることに着目します。ここから，空所には three times as ... as ～「～の3倍…」という表現の2つ目の as を入れればよいとわかるため，① as が正解です。文の意味は，「兄［弟］は私の3倍の数の本を持っている」です。

098（本冊 p.107）

解答 ① as refreshing

解説 空所の直後にある as に着目します。ここから，Nothing is as ... as A「A ほど…なものはない」の形を作ればよいとわかるため，① as refreshing が正解です。文の意味は，「散歩ほどリフレッシュできるものはない」です。

099（本冊 p.108）

解答 ② more interesting

解説 空所の前に The more books I read, the ... という形があることに着目します。ここから，空所には〈the ＋ 比較級 ..., the ＋ 比較級〜〉「…であればあるほど，その分ますます〜」という表現の 2 つ目の比較級を入れればよいとわかるため，② more interesting が正解です。この文が，❶ I read many books.（私は多くの本を読んだ）と❷ I found learning interesting.（私は学ぶことが面白いと思った）という 2 つの文を前提としていることを確認しておきましょう。文の意味は，「本を読めば読むほど，私は学ぶことがますます面白いと思った」です。

100（本冊 p.109）

解答 ② less hot

解説 選択肢から，空所には〈less ＋ 原級〉の形を入れればよいとわかるため，② less hot が正解です。文の意味は，「今年の夏は思ったよりも暑くない」です。なお，①は less hotter という形がないため，誤りです。また，than S expected は「S の予想よりも，S が思っていたよりも」という意味の慣用表現です。

101（本冊 p.110）

解答 ① as

解説 空所の前にある not so much に着目します。ここから，not so much A as B「A というより B」の形を作ればよいとわかるため，① as が正解です。文の意味は，「彼の犬にとって彼は，飼い主というより友達だ」です。

102（本冊 **p.111**）

解答 ① before

解説 空所の直前に it wasn't long という形があることに着目します。ここから，空所に before を入れて it is not long before … 「まもなく…」の形を作ればよいとわかるため，① before が正解です。文の意味は，「雨が止み，まもなく虹が現れた」です。

103（本冊 **p.112**）

解答 ① It

解説 文の後方に to take moderate exercise という to 不定詞句があることに着目します。ここから，空所に形式主語 It を入れて形式主語構文を作ればよいとわかるため，① It が正解です。文の意味は，「適度な運動をすることが必要だ」です。

104（本冊 **p.113**）

解答 ① It

解説 文の後方に that he saw a shooting star という that 節があることに着目します。ここから，空所に形式主語 It を入れて形式主語構文を作ればよいとわかるため，① It が正解です。文の意味は，「彼が流れ星を見たのは幸運だった」です。

105（本冊 **p.114**）

解答 ① it

解説 空所の前後が made … difficult to 〜 という形になっていることに着目します。ここから，make を用いた形式目的語構文を作ればよいとわかるため，① it が正解です。文の意味は，「大雨は試合を続けることを困難にした」です。

106（本冊 **p.115**）

解答 ① It was

解説 空所の後ろにある that に着目します。空所の直後に last week という副詞句があることから，これを It was と that ではさんだ強調構文を作ればよいとわ

かるため，① It was が正解です。文の意味は，「彼らがディズニーランドに行ったのは先週だ」です。なお，この文は They went to Disneyland last week. という文が元になっています。

107（本冊p.116）

解答 ② that

解説 空所の前にある It was not until ... という表現に着目します。ここから，空所に that を入れて It is not until ... that ～「…して初めて～」という表現を作ればよいとわかるため，② that が正解です。文の意味は，「田舎に住んで初めて，彼は都会の生活がいかに便利かに気づいた」です。なお，この文は He didn't realize how convenient city life is until he lived in the country. という文が元になっています。

108（本冊p.117）

解答 ① It

解説 空所の直後にある seems that という形に着目します。ここから，空所に It を入れて It seems that ...「…ようだ」という表現を作ればよいとわかるため，① It が正解です。文の意味は，「彼女はテストで満点をとったようだ」です。② Mary は，Mary seems that ... という形がないため，誤りです。

109（本冊p.118）

解答 ① must be

解説 設問文と選択肢から，There must be S「S がいるにちがいない，S があるにちがいない」の形を用いた文を作ればよいとわかります。① must be が正解です。文の意味は，「祖父の机の中には万年筆があるにちがいない」です。

110（本冊p.119）

解答 ② he was

解説 why以降がdidn't knowのOになっている間接疑問の形であることを見抜きます。間接疑問ではカタマリの中はSVの語順にしますから，② he was が正解です。文の意味は，「私たちは，なぜ彼が疲れているのかわからなかった」です。

111（本冊 **p.120**）

解答 ② What do you think

解説 設問文と選択肢から，What do you think is ...?「何が…だと思いますか」の形を用いた疑問文を作ればよいとわかります。② What do you think が正解です。文の意味は，「あなたは，病気のときに食べるのに最も良いものは何だと思いますか？」です。

112（本冊 **p.121**）

解答 ① hardly

解説 空所の直後にeverがあることから，hardly ever「めったに…ない」の形を作ればよいとわかります。① hardly が正解です。文の意味は，「ここではめったに雪は降らない」です。

113（本冊 **p.122**）

解答 ② has she

解説 文頭に否定の意味を持つ副詞neverがあることから，その後ろは倒置の形にすればよいとわかります。② has she が正解です。文の意味は，「彼女は一度もジェットコースターに乗ったことがない」です。

114（本冊 **p.123**）

解答 ① least

解説 空所の直前がnot in the ... という形になっていることに着目します。ここから，空所にleastを入れて not in the least「全く…ない，少しも…ない」という表現を作ればよいとわかるため，① least が正解です。文の意味は，「彼女は将来について全く心配していない」です。

115 (本冊 **p.124**)

解答 ① too

解説 空所の直前がcannot be ... という形になっていることに着目します。ここから，空所にtooを入れてcannot be too ...「…すぎることはない」という表現を作ればよいとわかるため，① tooが正解です。文の意味は，「重要な試験のためには，準備してもしすぎることはない」です。

116 (本冊 **p.125**)

解答 ① beyond

解説 空所の直後にある my understanding に着目します。空所にbeyondを入れると，beyond ...「…できない」の形を使ったbeyond my understanding「私には理解できない」という表現を作ることができるため，① beyondが正解です。文の意味は，「その難しい専門書は私には理解できなかった［私の理解を超えていた］」です。

117 (本冊 **p.126**)

解答 ① it seems

解説 空所の前後にコンマがあることや，空所以外の部分は文が成立していることから，挿入の形にすればよいとわかります。選択肢から，主節（S V）の形を挿入すればよいとわかるため，① it seemsが正解です。She seems that ... という形はないため，② she seemsを挿入することはできないことに注意しましょう。文の意味は，「その女性は親切なようだ」です。

118 (本冊 **p.127**)

解答 ① ever

解説 空所の前にある rarely と if に着目します。空所にeverを入れ，rarelyとセットで使うif ever「たとえあるとしても」の形を作ればよいとわかるため，① everが正解です。文の意味は，「そのサルは人がいるときに姿を現すことは，あるとしてもめったにない」です。

119 (本冊 **p.128**)

解答 ① it

解説 空所を含む文で、前の文の a dog（犬＝とある1匹の犬）をどう表現するかを考えます。「私は犬を見た。私は the dog（その犬＝私が見た犬）がとても気に入った」とすると全体が自然な意味になりますから、空所にはすでに出た特定の名詞の代わりに使う代名詞 it を入れればよいとわかります。なお、代名詞 one を入れると、「私は犬を見た。私は a dog（とある犬＝私が見た犬とは限らない、とある犬）がとても気に入った」という不自然な意味になるため、誤りです。

120 (本冊 **p.129**)

解答 ① the other

解説 1文目にある two pens（2本のペン）に着目します。2本のペンのうち一方に言及するとき、「残り全部」は1本ですから、単数名詞の代わりに使う代名詞① the other が正解です。文の意味は、「私は2本のペンを持っている。1本は青色で、もう1本は緑色だ」です。

121 (本冊 **p.130**)

解答 ① that

解説 here（ここ）と there（あそこ）という対比の表現に着目し、The climate here（ここの気候）と the climate there（あそこの気候）が比較されていることを見抜きます。ここから、空所には the climate の代わりに用いることのできる代名詞 that を入れればよいとわかるため、① that が正解です。文の意味は、「ここの気候はあそこの気候よりも穏やかだ」です。なお、② those は複数名詞の代わりに用いる代名詞ですから、the climate の代わりに使うことはできません。

122 (本冊 **p.131**)

解答 ② others

解説 Some という代名詞に着目し、some ... others ～「…なものもあれば、～なものもある」という対比の表現を作ることを考えます。② others が正解です。

32

文の意味は,「ここにはたくさんの花がある。白いものもあれば, 赤いものもある」です。なお, ① another「別の１つのもの」は単数名詞の代わりに用いる代名詞ですから, 空所のあとにareがある本問では使えません。

123 (本冊 p.132)

解答　① Most

解説　空所の後ろに続く〈... of the ＋複数名詞〉という形に着目し, of the flowers と意味が自然につながる表現を考えます。空所に代名詞Mostを入れると,〈most of the ＋複数名詞〉「…のうちのほとんど」という表現を作ることができるため, ① Mostが正解です。文の意味は,「ここにある花のほとんどはバラだ」です。なお, ② almostは「ほとんど」という意味の副詞です。空所に入れても正しい形にならないため, 誤りです。

124 (本冊 p.133)

解答　① something

解説　まずは１文目の意味を把握します。１文目の意味は,「あなたはそのプロジェクトについて彼に尋ねるべきだ」です。選択肢から, 空所を含む２文目は「彼はそのプロジェクトに関係がある」または「彼はそのプロジェクトに関係がない」のどちらかになりそうです。空所にsomethingを入れ, have something to do with A「Aと何らかの関係がある」という表現を作ると, １文目と２文目の意味が自然につながるため, ①somethingが正解です。文の意味は,「あなたはそのプロジェクトについて彼に尋ねるべきだ。彼はそのプロジェクトと何らかの関係がある」です。

125 (本冊 p.134)

解答　② by themselves

解説　主語がThey（彼ら）であることに着目します。主語に対応した再帰代名詞themselves（彼ら自身）を用いた by themselves を空所に入れると, by oneself「独力で」という意味の表現を作ることができるため, ② by themselves が正解です。文の意味は,「彼らは独力で山頂に到達した」です。

126（本冊 p.135）

解答 ② furniture

解説 選択肢の furniture は不可算名詞であり，複数形にすることができません。よって，② furniture が正解です。文の意味は，「彼の部屋にはたくさんの家具がある」です。

127（本冊 p.136）

解答 ① planes

解説 設問文と選択肢から，change planes（飛行機を乗り換える）という表現を作ればよいとわかります。① planes が正解です。文の意味は，「彼らは羽田空港で飛行機を乗り換えた」です。

128（本冊 p.137）

解答 ② The

解説 文の V が is decreasing であることから，S は単数名詞であることを見抜きます。選択肢から，〈the number of ＋複数名詞〉「…の数」の形を作れば単数名詞 the number を意味の中心とすることができるとわかるため，② The が正解です。文の意味は，「その公園では，オオカミの数が減っている」です。

129（本冊 p.138）

解答 ① the

解説 設問文と選択肢から，look A in the eye(s)「A をじっと見る，A をまともに見る」という表現を作ればよいとわかります。① the が正解です。文の意味は，「ちゃんと目を見て話してください」です。

130（本冊 p.139）

解答 ① 現在の

解説 形容詞 present が名詞 situation を修飾していることから，限定用法が用

いられている場面であるとわかります。presentは限定用法では「現在の」という意味です。文の意味は，「現在の状況を教えてください」です。なお，②「出席している」は叙述用法のときの意味です。

131（本冊p.140）

解答 ① boring

解説 設問文と選択肢から，空所には動詞bore「…を退屈させる」が形容詞化した正しい形の分詞形容詞を選ぶ必要があるとわかります。文の主語がThe lecture（講義）であることから，主語と分詞形容詞の間にどのような関係があるかを考えます。The lectureと空所に入る分詞形容詞の間には，「講義」が「退屈させる」という能動関係があるとわかるため，① boringが正解です。文の意味は，「その講義は退屈だった」です。なお，② boredを空所に入れると，「講義が退屈していた」という不自然な意味になるため，誤りです。

132（本冊p.141）

解答 ② It

解説 設問文と選択肢から，この文の主語として正しいものを選ぶ必要があるとわかります。形容詞necessaryは人を主語にとることができないため，②Itが正解です。文の意味は，「1時間待つ必要がある」です。なお，「あなた」を主語にして同じ意味を表したいときは，You need to wait for an hour. のような形で表します。

133（本冊p.142）

解答 ① large

解説 設問文と選択肢から，主語である名詞The population（人口）が多いことを表す形容詞として正しいものを選ぶ必要があるとわかります。populationが多いことを表すには，manyではなくlargeを使うため，① largeが正解です。文の意味は，「インドの人口はとても多い」です。

134（本冊**p.143**）

解答 ② 乗り遅れそうになった

解説 まずは，副詞almost（もう少しで）が動詞missed（…を逃した）を修飾しているという関係をつかみましょう。almost Vは「もう少しで…しそうになる」という意味です。almost missedで「もう少しで乗り遅れそうになった」，つまり「実際には電車に乗り遅れなかった」という意味を表すことができるため，②が正解です。文の意味は，「彼はもう少しで電車に乗り遅れそうになった」です。

135（本冊**p.144**）

解答 ① 形容詞

解説 前置詞句in the boxは理論上，形容詞としても副詞としてもはたらくことが可能です。そのため，いずれのはたらきをしているのかは，文脈から判断する必要があります。この文では，前置詞句が形容詞のはたらきをしている（in the boxがthe catを修飾している）と考えると，「箱の中のネコを見てください」という自然な意味の文になります。一方，副詞のはたらきをしていると解釈すると，「箱の中でネコを見てください」という不自然な意味になります。

136（本冊**p.145**）

解答 ② because of

解説 空所の直後にthe rainという名詞があることに着目します。ここから，空所に前置詞because ofを入れてbecause of the rainという前置詞句を作ればよいとわかるため，② because ofが正解です。文の意味は，「その試合は雨のため中止された」です。

137（本冊**p.146**）

解答 ① useful

解説 of useは〈of＋抽象名詞〉という形を用いた表現です。〈of＋抽象名詞〉＝形容詞という関係が成り立つため，① usefulが正解です。文の意味は，「その本は役に立つ」です。

138（本冊**p.147**）

解答 ② laid

解説 設問文と選択肢から，文の意味は「その女性はちょうどそのとき，バッグを椅子の上に置いた」となりそうです。空所に他動詞 lay の過去形 laid を入れることで，lay O「O を置く」という正しい形と意味を作ることができるため，② laid が正解です。なお，① lay は他動詞 lay の現在形と自動詞 lie の過去形の可能性がありますが，前者は just then という過去のことを表す表現と共に用いることはできないため，誤りです。また，後者は空所の後ろに目的語があることから，誤りです。

139（本冊**p.148**）

解答 ① mentioned

解説 mention は mention O の形で「O について言及する」という意味になる他動詞です。よって，① mentioned が正解です。文の意味は，「その生徒は昨日，その問題について言及した」です。

140（本冊**p.149**）

解答 ② with the coach

解説 talked という動詞に着目します。〈talk with + 人 + about A〉「人と A について話す」の形を使えば，「その選手はコーチと前回の試合について話した」という自然な意味の文を作ることができるため，② with the coach が正解です。

141（本冊**p.150**）

解答 ① to the team

解説 explained という動詞に着目します。〈explain to + 人 + that ...〉「人に…と説明する」の形を使えば「監督はチームに，新しい戦略はうまくいくだろうと説明した」という自然な意味の文を作ることができるため，① to the team が正解です。

142（本冊 **p.151**）

解答 ① from

解説 prevented という動詞に着目します。prevent O from *doing*「O が…するのを妨げる」の形を使えば「大雪は，電車が時間通りに到着するのを妨げた」という自然な意味の文を作ることができるため，① from が正解です。

143（本冊 **p.152**）

解答 ① into

解説 changed という動詞に着目します。change A into B「A を B に変える」の形を使えば，「市はその建物を市役所に変えた」という自然な意味の文を作ることができるため，① into が正解です。

144（本冊 **p.153**）

解答 ① of

解説 deprived という動詞に着目します。deprive A of B「A から B を奪う」の形を使えば「工事の騒音が彼から睡眠を奪った」という自然な意味の文を作ることができるため，① of が正解です。

145（本冊 **p.154**）

解答 ② with

解説 provided という動詞に着目します。provide A with B「A に B を与える」の形を使えば「その学校は生徒たちに新しいノートパソコンを支給した」という自然な意味の文を作ることができるため，② with が正解です。

146（本冊 **p.155**）

解答 ② as

解説 regard という動詞に着目します。regard A as B「A を B とみなす」の形を使えば「彼らは勤勉さを成功にとって重要だとみなしている」という自然な意

味の文を作ることができるため，② as が正解です。このような形のとき，Bには名詞だけでなく形容詞や分詞も来る可能性があることに注意が必要です。

147（本冊 p.156）

解答 ① from

解説 tell という動詞に着目します。tell A from B「AをBと区別する，AとBを見分ける」の形を使えば「あなたは天然のダイアモンドと人工のダイアモンドの見分けがつきますか」という自然な意味の文を作ることができるため，① from が正解です。

148（本冊 p.157）

解答 ① of

解説 reminds という動詞に着目します。remind A of B「AにBを思い出させる」の形を使えば「その写真は彼女に古き良き時代を思い出させる」という自然な意味の文を作ることができるため，① of が正解です。

149（本冊 p.158）

解答 ① for

解説 scolded という動詞に着目します。scold A for B「BのことでAを叱る」の形を使えば「その女性は行儀がよくなかったことで子どもを叱った」という自然な意味の文を作ることができるため，① for が正解です。

150（本冊 p.159）

解答 ① to study

解説 allowed という動詞に着目します。allow O to *do*「Oが…することを可能にする」の形を使えば「奨学金は彼が留学することを可能にした」という自然な意味の文を作ることができるため，① to study が正解です。

第 1 章　文型

☐ **001**　コアラは木の上で休む。

☐ **002**　一部のゾウは時速40キロで走る。

☐ **003**　一部の葉は赤くなる［紅葉する葉もある］。

☐ **004**　シマウマは草を食べる。

☐ **005**　医者は患者に薬を与える。

☐ **006**　宿題は時間がかかる。

☐ **007**　運動はあなたを健康にする。

第 2 章　時制

☐ **008**　タクヤは毎朝散歩をする。

☐ **009**　ライアンは若い頃，よくマクドナルドに行った。

☐ **010**　アンディは明日，インスタグラムに写真を投稿するだろう。

☐ **011**　ピーターは今，自分の部屋で数学を勉強している。

☐ **012**　玄関のベルが鳴ったとき，エマは本を読んでいた。

☐ **013**　カズとミカは幼い頃から知り合いだ。

Koalas rest in the tree.

Some elephants run at the speed of 40 kilometers per hour.

Some leaves turn red.

Zebras eat grass.

Doctors give patients medicine.

Homework takes me time.

Exercise makes you healthy.

Takuya takes a walk every morning.

Ryan often went to McDonald's when he was young.

Andy will post the photo on Instagram tomorrow.

Peter is studying mathematics in his room now.

Emma was reading when the doorbell rang.

Kazu and Mika have known each other since they were young.

□ 014 フランスに引っ越したとき，ナオは５年間イタリアに住んでいた。

□ 015 ハリーは来月末で，スペインに住んで５年になる。

□ 016 マイクは２時間，本を読んでいる。

□ 017 もし明日雨が降れば，私は家にいるだろう。

□ 018 ２人が結婚してから６年が経った。

第 3 章　助動詞

□ 019 アシュリーは英語，中国語，スペイン語の３カ国語を話すことができる。

□ 020 ベスは明日，球場に行くつもりだ［行くだろう］。

□ 021 カズオは秋葉原にノートパソコンを買いに行くかもしれない。

□ 022 ヨーコは今日，何も食べていない。彼女は空腹にちがいない。

□ 023 私たちは前もってそのレストランの予約をすべきだ。

□ 024 その建物に入るためにIDカードを示す必要はない。

□ 025 コンサートは素晴らしかったよ。君も来るべきだったのに。

□ 026 ダニエルはかつて紅茶を飲んでいたが，今ではコーヒーをより好む。

□ 027 あなたが怒るのももっともだ。１時間も待たされたのだから。

Nao had lived in Italy for five years when she moved to France.

Harry will have lived in Spain for five years by the end of next month.

Mike has been reading a book for two hours.

If it rains tomorrow, I'll stay at home.

Six years have passed since the couple got married.

Ashley can speak three languages; English, Chinese and Spanish.

Beth will go to the ballpark tomorrow.

Kazuo may go to Akihabara to buy a laptop.

Yoko hasn't eaten anything today. She must be hungry.

We should make reservations for the restaurant in advance.

You needn't show your ID card to enter the building.

The concert was great. You should have come.

Daniel used to drink tea, but now he prefers coffee.

You may well be angry. You were kept waiting an hour.

第4章　態

☐ **028**　ビートルズは世界中の人々に愛されている。

☐ **029**　本は本棚に置くべきだ。

☐ **030**　コーヒーは長い間，世界中で飲まれてきた。

☐ **031**　新しい建物が建てられているところだ。

☐ **032**　トムはクラスの全員から笑われた。

第5章　仮定法

☐ **033**　もし私がネコなら，1日中寝ているだろう。

☐ **034**　もしマークが電車に乗っていたら，間に合うように到着しただろう。

☐ **035**　もし今朝もっと早起きしていたら，今頃は昼食を食べているだろう。

☐ **036**　もし動物たちが話し始めたら，あなたはどうしますか？

☐ **037**　もし私があなたなら，その申し出を断るだろうに。

☐ **038**　アメリカ人なら，その単語を違ったように発音するだろう。

☐ **039**　インターネットがなければ，コミュニケーションはずっと遅くなるだろう。

☐ **040**　飼い犬と話ができたらなあ。

The Beatles are loved by people all over the world.

Books should be placed on the bookshelf.

Coffee has long been drunk all over the world.

A new building is being built now.

Tom was laughed at by everyone in the class.

If I were a cat, I would sleep all day long.

If Mark had taken the train, he would have arrived in time.

If I had got up earlier this morning, I would be eating lunch now.

If animals were to start talking, what would you do?

Were I you, I would turn down the offer.

An American person would pronounce the word in a different way.

If it were not for the internet, communicating would be much slower.

I wish I could talk with my dog.

第 6 章　動名詞

☐ 041　新しい国へ旅をすることは，すばらしい体験だ。

☐ 042　サムは，息子がそのサッカーチームの一員であることを誇りに思っている。

☐ 043　カレンは今朝，朝食を食べなかったことを後悔している。

☐ 044　ポールは若い頃，そのチームのメンバーだったことを誇りに思っている。

☐ 045　トナカイは寒い気候で暮らすのに慣れている。

第 7 章　不定詞

☐ 046　旅をすることは視野を広げることだ。

☐ 047　ジェーンはいつも，やるべき仕事をたくさん抱えている。

☐ 048　留学するために，パットはアルバイトをしてお金を稼いだ。

☐ 049　エッセーを書くことは簡単だ。

☐ 050　レベッカは，10 年前はお金持ちだったと言われている。

☐ 051　その車は運転しやすい。

☐ 052　一部の韓国料理はとても辛いので，私には食べられない。

Traveling to new countries is a great experience.

Sam is proud of his son being on the soccer team.

Karen regrets not having breakfast this morning.

Paul is proud of having been on the team when he was young.

Reindeer are used to living in the cold climate.

To travel is to broaden your horizons.

Jane always has a lot of work to do.

To study abroad, Pat worked part-time and earned money.

It is easy to write an essay.

Rebecca is said to have been rich 10 years ago.

The car is easy to drive.

Some Korean foods are too hot for me to eat.

第 8 章　分詞

□ **053**　木の上で眠っているヒョウを見てごらん。

□ **054**　ケントはガールフレンドを30分待たせたままにした。

□ **055**　一生懸命勉強しているので，ミキは英語が流ちょうになってきている。

□ **056**　易しい英語で書かれているので，その看板は読みやすい。

□ **057**　日曜日なので，お店は閉まっている。

□ **058**　1日中歩いたので，ジュディはとても疲れていた。

□ **059**　すべての事柄を考慮すると，ローラはその申し出を断るべきだ。

第 9 章　使役動詞・知覚動詞

□ **060**　母親は息子に皿を洗わせた。

□ **061**　クリスは犬を公園で走らせた。

□ **062**　私たちは大工さんに，壁にペンキを塗ってもらった。

□ **063**　サンディは先日，自転車を修理してもらった。

□ **064**　ビルは，ネズミが家に入るのを見た。

Look at the leopard sleeping in the tree.

Kent kept his girlfriend waiting for half an hour.

Studying very hard, Miki is becoming fluent in English.

Written in simple English, the sign is easy to read.

It being Sunday, the shops are closed.

Having walked all day, Judy was very tired.

All things considered, Laura should turn down the offer.

The mother made her son wash the dishes.

Chris let her dog run in the park.

We had the carpenter paint the wall.

Sandy had her bicycle repaired the other day.

Bill saw a mouse go into the house.

第 10 章　関係詞

☐ **065**　ミサは子どもたちに本の読み聞かせをしている女性だ。

☐ **066**　レンは私の10年来の友人だ。

☐ **067**　こちらは，弟がピアニストである男性です。

☐ **068**　これは，私の姉が住んでいる家だ。

☐ **069**　これは有名なゴルフ選手が宿泊しているホテルだ。

☐ **070**　春はクマが長い眠りから目覚める季節だ。

☐ **071**　飛行機が遅れた理由は，大雪だった。

☐ **072**　ハルカは，いつもどのようにスープを作るのかを私たちに見せてくれた。

☐ **073**　デイビッドには娘が1人いて，彼女は弁護士だ。

☐ **074**　私が友人だと思っていたその男性は，見知らぬ人だとわかった。

☐ **075**　私たちは，先生が授業で言ったことを理解できなかった。

☐ **076**　ブライアンは，なけなしのお金を募金箱に入れた。

☐ **077**　彼はかつての彼ではない。

☐ **078**　スタッフは誰であれ欲しがっている人にそのチケットを渡すだろう。

Misa is the woman who reads books to children.

Len is a friend whom I have known for ten years.

This is the man whose younger brother is a pianist.

This is the house in which my older sister lives.

This is the hotel where the famous golf player is staying.

Spring is the season when bears come out of long sleep.

The reason why the flight was delayed was heavy snow.

Haruka showed us how she usually makes the soup.

David has a daughter, who is a lawyer.

The man who I thought was a friend turned out to be a stranger.

We couldn't understand what the teacher said in class.

Brian put what little money he had into the donation box.

He is not what he used to be.

The staff will give that ticket to whoever wants it.

☐ **079** リチャードは孫に，欲しがっているものは何でも与える。

☐ **080** その教室では，学生は好きなところに座ってよい。

☐ **081** ボブは北海道を訪れるときはいつも，新鮮な海産物を食べる。

☐ **082** どんなに頑張っても，その晩はよく眠れなかった。

第 11 章　接続詞

☐ **083** ここだけの話だが，彼らは結婚するらしい。

☐ **084** 午前中に動物園を訪れなさい。そうすればパンダを見られるでしょう。

☐ **085** ジンは，週末に動物園か水族館に行きたがっていた。

☐ **086** 若いが，アヤは有能な経営者だ。

☐ **087** テッドは私に，納豆が好きかどうかを聞いた。

☐ **088** ロイは私に，週末に英語のテストを受けるかどうかを尋ねた。

☐ **089** リカは私に，シンガポールに留学すると言った。

☐ **090** テストで高得点を取れるよう，ヒロは一生懸命勉強した。

☐ **091** 暗くなるまで，ショウタは柔道の練習をした。

☐ **092** 私が知る限り，チケットはまだ手に入る。

Richard gives his grandchildren whatever they want.

Students can sit wherever they like in the classroom.

Whenever Bob visits Hokkaido, he eats fresh seafood.

However hard I tried, I couldn't sleep well that night.

Between you and me, they are going to get married.

Visit the zoo in the morning, and you'll see pandas.

Jin wanted to visit either the zoo or the aquarium on the weekend.

Although she is young, Aya is a competent manager.

Ted asked me whether I liked natto.

Roy asked me if I would take the English test on the weekend.

Rika told me that she would study in Singapore.

Hiro studied hard so that he could get a high score on the test.

Shota practiced Judo until it was dark.

As far as I know, tickets are still available.

第 12 章　比較

- [ ] **093**　キリンはライオンと同じくらい速く走ることができる。

- [ ] **094**　ツバメはスズメより速く飛ぶことができる。

- [ ] **095**　チーターはすべての陸生生物の中で最も速く走ることができる。

- [ ] **096**　インドの人口は日本の人口よりもずっと多い。

- [ ] **097**　北海道は九州地方のおよそ２倍の大きさだ。

- [ ] **098**　時間ほど貴重なものはない。

- [ ] **099**　年をとればとるほど，その分ますます語いは豊富になる。

- [ ] **100**　今年の冬は例年よりも寒くない。

- [ ] **101**　彼女にとってネコは，ペットというより家族の一員だ。

第 13 章　it・強調構文・there・疑問文

- [ ] **102**　まもなく電車はこの駅に到着するだろう。

- [ ] **103**　悪い習慣を身につけるのは簡単だ。

- [ ] **104**　ロバートが才能のある音楽家であることは明らかだ。

- [ ] **105**　インターネットは世界中の人々とコミュニケーションをとることを可能にした。

Giraffes can run as fast as lions can.

Swallows can fly faster than sparrows can.

Cheetahs can run the fastest of all land animals.

The population of India is much larger than that of Japan.

Hokkaido is about twice as large as the Kyushu region.

Nothing is as precious as time.

The older you grow, the richer your vocabulary becomes.

This winter it is less cold than usual.

Cats are not so much pets as members of the family to her.

It won't be long before the train arrives at this station.

It is easy to get into a bad habit.

It is clear that Robert is a talented musician.

The internet has made it possible to communicate with people all over the world.

☐ **106** 1969年に月面に到達したのはアームストロングだった。

☐ **107** 病気になって初めて，健康のありがたみがわかる。

☐ **108** ソフィアは風邪をひいているようだ。

☐ **109** 私たちの学校にはたくさんの生徒がいる。

☐ **110** 私は，なぜ新幹線が遅れたのかわからない。

☐ **111** あなたは，何が外国語を身につける最良の方法だと思いますか？

第 14 章　否定・倒置・挿入・省略

☐ **112** このあたりではオーロラはめったに見られない。

☐ **113** こんなに美しい景色は見たことがない。

☐ **114** ティムは運動に全く興味がない。

☐ **115** 運転している間は，注意してもしすぎることはない。

☐ **116** 頂上からの眺めは言葉では言い表せないものだった。

☐ **117** 私が思うに，その監督の最新映画は傑作だ。

☐ **118** 私の親友アメリアは，するとしてもめったに外出しない。

It was Armstrong that reached the surface of the moon in 1969.

It is not until you get sick that you realize the value of health.

It seems that Sophia has a cold.

There are a lot of students in our school.

I don't know why the bullet train was delayed.

What do you think is the best way to learn a foreign language?

Track 112~118

The northern lights are hardly ever seen around here.

Never have I seen such beautiful scenery.

Tim is not in the least interested in exercise.

You cannot be too careful while driving.

The view from the summit was beyond description.

The latest movie by that director, I think, is a masterpiece.

My good friend Amelia seldom, if ever, goes out.

第 15 章　代名詞

☐ **119** 私はお気に入りのペンをなくしたが，それを見つけた。

☐ **120** サクラは2匹のネコを飼っている。1匹は灰色で，もう1匹は茶色だ。

☐ **121** 日本の平均気温は，スウェーデンよりも高い。

☐ **122** さまざまな種類の人がいる。犬が好きな人もいれば，ネコが好きな人もいる。

☐ **123** その島の住民のほとんどはお互いに知り合いだ。

☐ **124** ルカはその事故と全く関係がなかった。

☐ **125** ネリーはこの春から一人暮らしを始めた。

第 16 章　名詞・冠詞

☐ **126** ケンタの部屋にはほとんど家具がない。

☐ **127** 私たちは新宿駅で電車を乗り換える必要がある。

☐ **128** このあたりでは，クマの数が増えている。

☐ **129** 赤ちゃんは母親の目をじっと見た。

第 17 章　形容詞・副詞

☐ **130** レイは私に現在の住所を教えてくれた。

I lost my favorite pen, but I've found it.

Sakura has two cats. One is gray, and the other is brown.

The average temperature of Japan is higher than that of Sweden.

There are various kinds of people. Some like dogs, and others like cats.

Most of the residents on the island know each other.

Luca had nothing to do with the accident.

Nelly started living by herself this spring.

There is little furniture in Kenta's room.

We have to change trains at Shinjuku Station.

The number of bears is increasing around here.

The baby looked its mother in the eye.

Lei let me know her present address.

□ **131** その知らせは私にとって驚きだった。

□ **132** 都合のよいときに電話をしてください。

□ **133** その歌手は，大勢の観衆に向かって叫んだ。

□ **134** ケリーはもう少しでスマホを池に落とすところだった。

第 18 章　前置詞

□ **135** 赤い服を着ている女性がカナです。

□ **136** その小ささにもかかわらず，その森は多くの生物種を抱えている。

□ **137** 環境問題は私たちにとって重要だ。

第 19 章　動詞の語法

□ **138** ウミガメは一度にたくさんの卵を産む。

□ **139** 大臣たちは会議で環境問題について話し合った。

□ **140** イーサンは友人たちと次のコンサートについて話した。

□ **141** ホテルの従業員は彼に，レストランは閉まっていると説明した。

□ **142** 悪天候は，私たちが日食を観測するのを妨げた。

□ **143** そのマジシャンはハンカチを白いハトに変えた。

The news was surprising to me.

Call me when it is convenient for you.

The singer shouted to the large audience.

Kelly almost dropped her smartphone in the pond.

Track 135~137

The woman in red is Kana.

Despite its small size, the forest has a lot of living species in it.

Environmental problems are of importance to us.

Track 138~150

Sea turtles lay a lot of eggs at one time.

The ministers discussed environmental issues at the conference.

Ethan talked with his friends about the upcoming concert.

The hotel clerk explained to him that the restaurant was closed.

The bad weather prevented us from observing the solar eclipse.

The magician turned a handkerchief into a white pigeon.

61

□ **144**　思い込みが我々から柔軟な思考を奪った。

□ **145**　私が普段利用しているスターバックスでは，客に無料Wi-Fiを
提供している。

□ **146**　多くの人々がシェイクスピアを偉大な劇作家だとみなしている。

□ **147**　私にはアリゲーターとクロコダイルの見分けがつかない。

□ **148**　その本は私に学生時代を思い出させる。

□ **149**　その教師は，教室でうるさくしたことで生徒を叱った。

□ **150**　教授はその生徒が受講することを許可した。

Assumptions deprived us of flexible thinking.

The Starbucks I usually go to provides its customers with free Wi-Fi.

Many people regard Shakespeare as a great playwright.

I cannot tell alligators from crocodiles.

The book reminds me of my school days.

The teacher scolded the students for the noise in the classroom.

The professor allowed the student to take the course.